国家中职示范校建设课程改革创新教材
中职中专汽车运用与维修专业校企合作成果系列教材

汽车维护保养操作手册

帅学华　芦智旭　主　编
孙　敏　陈小敏　副主编

科学出版社
北　京

内 容 简 介

本书是在汽车维修行业、企业专家和课程开发专家的精心指导下，结合汽车维修企业生产岗位和工作实际策划、编写的。本书内容紧密围绕岗位需求，以就业为导向，以技能训练为中心，以科学、实用为原则。

全书共7个任务，采用“基于工作过程”全新的职业教育课程理念进行编写，以工作过程为导向，引导学生“做中学，学中做”，注重操作技能的提升和岗位综合能力的培养。

本书可作为中等职业学校汽车运用与维修专业及相关专业的教材，也可作为汽车售后维修企业的培训用书。

图书在版编目(CIP)数据

汽车维护保养操作手册／帅学华，芦智旭主编. —北京：科学出版社，2014

（国家中职示范校建设课程改革创新教材·中职中专汽车运用与维修专业校企合作成果系列教材）

ISBN 978-7-03-041261-4

Ⅰ.①汽… Ⅱ.①帅…②芦… Ⅲ.①汽车-车辆修理-中等专业学校-教材 Ⅳ.①U472

中国版本图书馆CIP数据核字（2014）第135211号

责任编辑：张振华／责任校对：王万红

责任印制：吕春珉／封面设计：一克米工作室

科 学 出 版 社 出版

北京东黄城根北街 16 号

邮政编码：100717

http://www.sciencep.com

北京九州迅驰传媒文化有限公司 印刷

科学出版社发行　　各地新华书店经销

*

2014年12月第 一 版　　开本：787×1092 1/16

2021年 7月第四次印刷　　印张：7 1/2

字数：177 000

定价：24.00元

（如有印装质量问题，我社负责调换〈九州迅驰〉）

销售部电话 010-62136131　编辑部电话 010-62135120-2005

瓯海职业中专集团学校中职示范校建设课程改革创新教材编审委员会

前　言
PREFACE

随着我国汽车工业的高速发展，汽车日渐成为普通家庭的必备交通工具。“七分养，三分修”、“定期保养，以养代修”等观念正在被广大车主所接受。

为了使大家更好、更全面地了解汽车维护与保养的相关知识，学习并掌握汽车维护与保养的基本方法和要领，我们在汽车维修行业、企业专家和课程开发专家的精心指导下，结合汽车维修企业生产岗位和工作实际编写了本书。

本书紧密围绕相关岗位需求，以就业为导向，以技能训练为中心，以科学、实用为原则，旨在探索理论与实践的一体化的教学模式。

一、编写团队

本书编者均来自汽车运用与维修专业教学一线，具有丰富的专业课教学经验，其中大多数编者还亲自参加过浙江省中等职业学校汽车技能大赛的教师组比赛项目，并取得了优异的成绩。在编写本书过程中，他们能紧扣汽车运用与维修专业的培养目标，并借鉴全国中等职业学校汽车运用与维修技能大赛所提出的能力要求，把技能大赛过程中所体现的安全、规范、高效、环保、服务、合作等理念贯穿于专业技能训练的课目之中。

二、指导思想

本书采用“基于项目教学”、“基于工作过程”全新的职业教育课程理念，力求建立以任务为载体，以工作过程为导向，通过“做中学，学中做”的教学方式，淡化理论，强化应用，注重操作技能的提高和岗位职业能力的培养，让学生学得轻松、学得实用。

三、内容组织

本书根据汽车维修职业岗位工作需求，精选学生终身有用的基础理论和基本知识，突出实用性、新颖性，将国赛中体现的规范操作、5S管理、良好的行为习惯等融入其中。引导教师在“做中规范地教”，学生在“学中规范地做”。内容编排采用项目导向、任务引领的新模式，引导学生“做中学，学中做”，符合学生的认知规律。

四、学时分配

全书参考学时为79学时，具体各项目及学时安排请参考下表。

任务	学时
任务 1　顶起位置 1——预检工作	5
任务 2　顶起位置 1——驾驶员座椅检查	8
任务 3　顶起位置 1——车辆前后部、车门及油箱盖检查	7
任务 4　顶起位置 3——车辆底部检查	18
任务 5　顶起位置 4——车轮轴承及制动器检查	16
任务 6　顶起位置 7——发动机起动前及暖机、暖机后检查	15
任务 7　顶起位置 8、9——最终检查及清洁	10

五、编者致谢

本书由温州市瓯海职业中专集团学校组织编写，由帅学华、芦智旭任主编，由孙敏、陈小敏任副主编，其他参与编写的有张祥彧、徐晓娜、马浩。

由于编者水平有限，书中难免有疏漏和不妥之处，敬请广大读者批评指正。

目　录
CONTENTS

课程导入
汽车维护与保养基础

本部分是全书（课程）的导入，从4个方面简述了汽车维护的作用和内容、汽车维护中的举升设备及二级维护作业时的基本顶起位置。在以后的任务教学中，将围绕着这些内容展开。

1. 汽车维护的作用及内容

（1）汽车维护的作用

汽车维护是汽车行驶到一定里程或间隔一定时间后，必须按照规定的作业项目进行的技术维护工作。其作用如下：

1）保证良好的车容、车况，使汽车处于完好状态，确保汽车正常运行。

2）延长车辆主要部件的使用寿命，减少和降低车辆的维修费用，延长车辆的使用年限。

（2）汽车维护的内容

根据交通部《汽车运输业车辆技术管理规定》，汽车维护分为日常维护、一级维护和二级维护三个级别。

1）日常维护：即日常性养护作业，由驾驶员负责执行。其作业中心内容是清洁、补给和安全检视。

2）一级维护：由专业维修工负责执行。其作业中心内容除日常维护作业外，以清洁、润滑、紧固为主，并检查有关的制动、操纵等安全部件。

一级维护的参考间隔里程或时间分别为2500～3000km或1个月，以行驶里程或使用月份先达到为准。

3）二级维护：由专业维修工负责执行。其作业中心内容除一级维护作业外，以检查和调整为主，并拆检轮胎，进行轮胎换位。

二级维护的参考间隔里程或时间分别为10 000～12 000km或6个月，以行驶里程或使用月份先达到为准。

4）季节性维护：在春、秋末，为适应即将到来的炎热和寒冷气候条件，常附加一些作业内容，如更换季节所需润滑油，对冷却系拆除或加装保暖装置等。季节维护可结合一、二级维护进行。

2. 汽车举升设备及顶起位置

举升机是汽车维修行业用于汽车举升的设备。举升机在汽车维修养护中发挥着至关重要的作用，无论整车大修，还是小修保养，都离不开它，其产品性质、质量好坏直接影响维修人员的人身安全。在规模各异的维修养护企业中，无论是维修多种车型的综合类修理厂，还是经营范围单一的小店（如轮胎店），几乎都配备有举升机。

（1）举升机的分类

依照举升机的性能和外形，可分为双柱举升机、四柱举升机和剪式举升机三大类。本书以剪式举升机为例进行讲解。

（2）剪式举升机使用的注意事项

1）工作前，排除机器周围和下方的障碍物。

2）升降时，举升机规定区域和机器上下方及平台上的车辆内不能有人。

3）不能举升超过本机举升能力范围的车辆或其他货物。

4）举升时，应在车辆底盘下方垫上胶垫。

5）升降过程中随时观察举升机平台是否同步，发现异常，及时停机，检查并排除故障后方能投入使用。

6）下降操作时，先将举升平台上升一点，注意观察两保险爪与保险齿间是否完全脱开，否则停止下降。

7）机器长期不用或过夜时，平台应降到最低位置，并开走车辆，切断电源。

（3）二级维护作业的基本顶起位置

二级维护单人操作需要9个顶起位置。随着生活节奏的加快，以及市场的需要，二级维护出现了快速保养，由两人配合操作，共需要6个顶起位置，如表0.1所示。本书由两人配合进行二级维护。

表 0.1　车辆顶起位置及作业内容

名　称	举升高度	图　示	作业内容
顶起位置 1：预检位置，驾驶座椅及灯光护理位置	地面位置		1）预检工作。 2）风窗玻璃喷洗器、刮水器的检查。 3）灯光及座椅的检查。 4）车内部、外部检查
顶起位置 3：车辆底部检查及排放机油位置	举升机举升到高位——距离操作人员头顶10cm 处		1）检查车辆底盘。 2）排放机油，更换机油滤清器。 3）检查悬架、制动管路等

续表

名　称	举升高度	图　示	作业内容
顶起位置 4：车轮轴承及制动器检查位置	举升机升至中位，车轮在操作者胸口处		1）检查车轮制动器。 2）检查车轮、轴承、轮辋，并安装车轮等
顶起位置 7：起动前及暖机检查位置	举升机降至低位，轮胎接触地面		1）加机油。 2）检查空调、自动变速器液位、制冷系统有无泄漏等
顶起位置 8：最终检查位置	举升机举升到高位——距离操作人员头顶 10cm 处	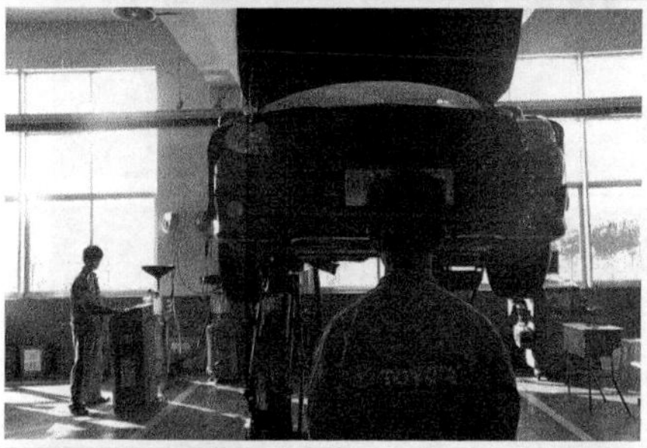	检查机油和油液有无泄漏情况
顶起位置 9：清洁位置	地面位置		清洗车辆的各个部位

3.辅助设备及材料

在汽车维护中需要一些辅助设备，如表0.2所示。

表 0.2　汽车维护中的辅助设备

名　称	图　示	使用规程
地板垫	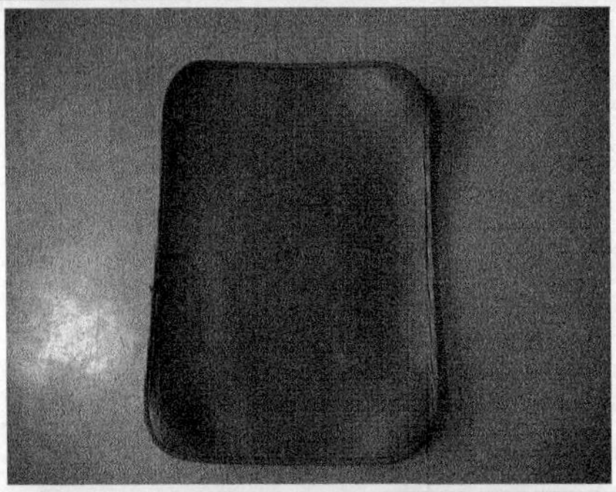	安装地板垫。将地板垫安放在转向盘下方的地板上。 提示：如果要求有字，有字的一面向上，双手平铺。 作用：保证室内清洁，防止杂质带入驾驶室
座椅套		安装座椅套。先将座椅套打开，然后找到座椅套的开口处，从上往下整齐地套在驾驶座椅上。 提示：安装时用力要均匀，防止座椅套破坏
转向盘套		安装转向盘套。展开转向盘套，先套好转向盘上面靠近风窗玻璃一侧，然后由上往下拉转向盘套，直至完全套好。 提示：安装时不要硬拉，要用巧劲，否则会造成其损坏
挡块	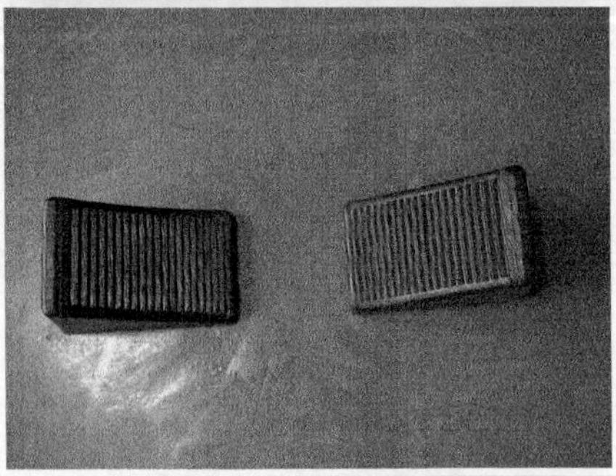	在安放处单脚蹲下，将挡块以一定的力度和速度安放在车轮下面。 提示：安装时要注意安装位置，应紧贴轮胎

续表

<table>
<tr><th>名 称</th><th>图 示</th><th>使用规程</th></tr>
<tr><td>翼子板布</td><td> 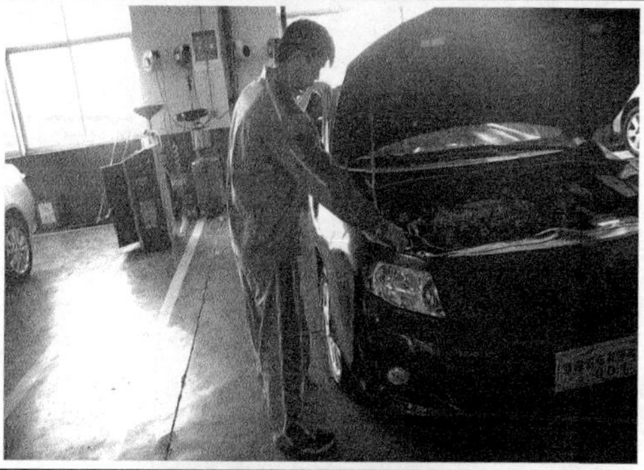</td><td rowspan="2">身体不要接触车辆，防止车辆刮伤</td></tr>
<tr><td>前格栅布</td><td> 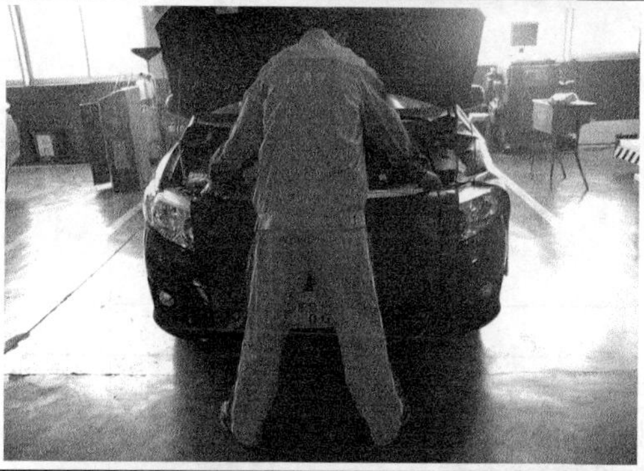</td></tr>
<tr><td>机油</td><td> </td><td>车辆润滑油，每次起动前确认发动机是否有机油，机油液位是否正常</td></tr>
</table>

任务1
顶起位置1——预检工作

任务描述

本任务由同学甲、乙共同配合完成。

通过对本任务的学习，学生应在相关知识、操作技能、行为习惯、职业素养等方面达到以下相关要求。

序号	内容（相关知识、操作技能、行为习惯、职业素养）	评价标准			
		了解知道	理解掌握	示范操作	独立操作
1	安全、规范地工作				√
2	爱护实训车辆				√
3	工作、学习环境整洁有序				√
4	驾驶员座椅（安装地板垫，安装座椅套，安装转向盘套，安装变速杆套，拉起发动机舱盖释放杆）			√	√
5	安装车轮挡块，安装尾气管，打开发动机舱盖，安装翼子板布，安装前格栅布			√	√
6	发动机舱（检查喷洗器液面，检查发动机冷却液液位，检查发动机机油，检查制动液液位，检查制动泵液体泄漏，拆卸翼子板布、前格栅布）			√	√
7	发动机喷洗器液面，发动机冷却液液位，发动机机油、制动液液位，离合器总泵液体泄漏等检查任务			√	√
8	团队配合，两位同学能够相互配合并能完成各自的操作			√	√

知识准备 ZHISHIZHUNBEI

1. 检查内容

1）了解预检工作的重要性。

2）掌握各个任务的操作流程和操作方法。

3）重点掌握机油的检查方法。

本任务是所有操作的基础准备，需要甲、乙同学认真仔细完成。

2. 技术标准

1）操作前，检查所有设备和工具。

2）四件套（地板垫、座椅套、转向盘套、变速杆套）、翼子板布、前格栅布安装方法要正确。

3）检查发动机喷洗器液面，发动机冷却液液位，发动机机油、制动液液位时，注意液位要在规定的刻度之间，检查动作要规范。

4）离合器总泵液体泄漏检查方法要正确。

1. 任务准备

1）工作场景：理实一体化教室。

2）主要设备：实训车辆1台、举升机1台、工具车1台、常用工具1套。

3）辅助材料：垫块、三件套、地板垫。

2. 实施步骤

本任务共1个时段。甲、乙同学在该时段中操作的任务为同步任务，即相同时段，同学甲、乙为同步操作。

（1）同学乙操作

项　目	内　容	图　解	技术规程	完成确认（乙）
安装三件套	第一步：左手拿好车钥匙，右手拿好三件套及钢直尺		用地板垫将三件套包住，防止其掉落地上	
	第二步：走到车辆左边，用钥匙打开汽车的遥控门锁。当危险警告灯亮起时车门就开了		注意三件套不要掉落地上	

续表

项　目	内　容	图　解	技术规程	完成确认（乙）
安装三件套	第三步：左手拉开车门，右手拿着三件套放在地板上，钢直尺放在地板左侧		拉车门时注意钥匙不要刮到车门	
	第四步：进入驾驶室，拉起发动机舱盖释放杆。具体位置在驾驶室门边上		拉动发动机舱盖释放杆时，听到“嗒”的一声，表明舱盖已经弹开。 如忘记该步骤，同学甲可以提醒	
	第五步：车钥匙插到点火开关位置		注意钥匙不要刮伤车辆	
	第六步：安装地板垫。将地板垫安放在转向盘下方的地板上	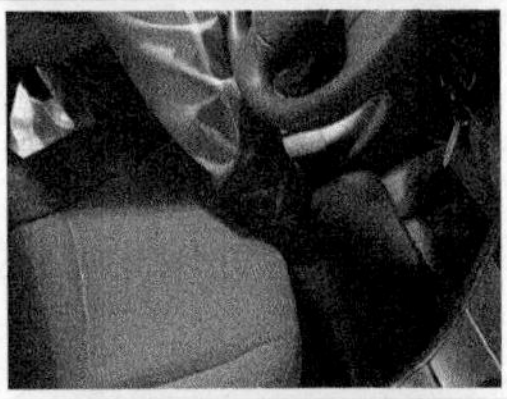	要求有字的一面向上，双手平铺。 作用：保证驾驶室内清洁，防止杂质被带入驾驶室	
	第七步：安装座椅套。先将座椅套打开，然后找到座椅套的开口处，从上往下整齐地套在驾驶座椅上		安装时用力要均匀，防止座椅套被破坏	
	第八步：安装转向盘套。展开转向盘套，先套好转向盘上面靠近风窗玻璃的一侧，然后由上往下拉转向盘套，直至完全套好	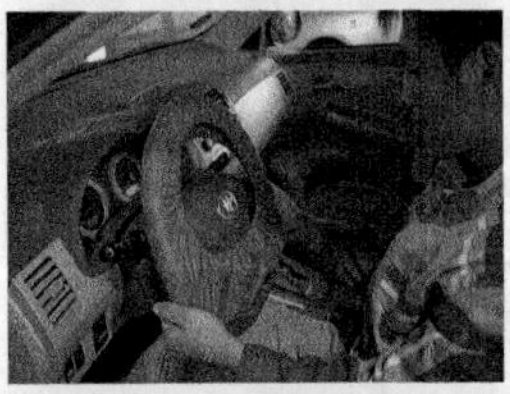	安装时不要硬拉，要用巧劲，否则会造成转向盘套损坏	
	第九步：安装变速杆套		注意不要损坏变速杆套	

（2）同学甲操作

项　目	内　容	图　解	技术规程	完成确认（甲）
1. 安装车轮挡块	第一步：走到挡块放置处，单脚蹲下，双手拿起车轮挡块，然后站起走向左后车轮处		此部分内容和同学乙操作同时进行，相互配合快速保养	
	第二步：在左后车轮处单脚蹲下，将挡块以一定的力度和速度安放在车轮下面		安装时要注意安装位置，应紧贴轮胎	
	第三步：走到右后车轮处单脚蹲下，将挡块安放在车轮的后方中间位置		安放时要有一定的力度和速度，防止松动	
2. 安装尾气管	第一步：用双手从吊钩上取下尾气管		取下时小心尾气管头部有卡箍，防止被其刮伤	
	第二步：用双手将尾气管插入车辆排气管中	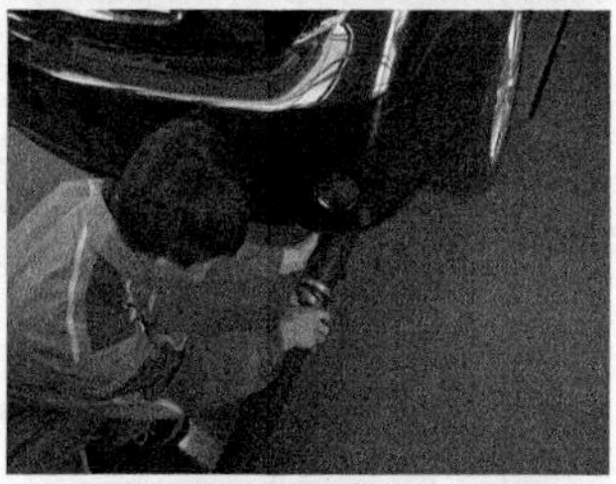	双手握尾气管的位置不要太靠前	
3. 打开发动机舱盖	第一步：学生在车辆正前方，双手伸进发动机舱盖，右手伸到发动机舱盖下方拉起锁片		发动机舱盖拉锁在其中间位置	

续表

项　目	内　容	图　解	技术规程	完成确认(甲)
3. 打开发动机舱盖	第二步：拉起锁片后，抬起舱盖 45° 左右	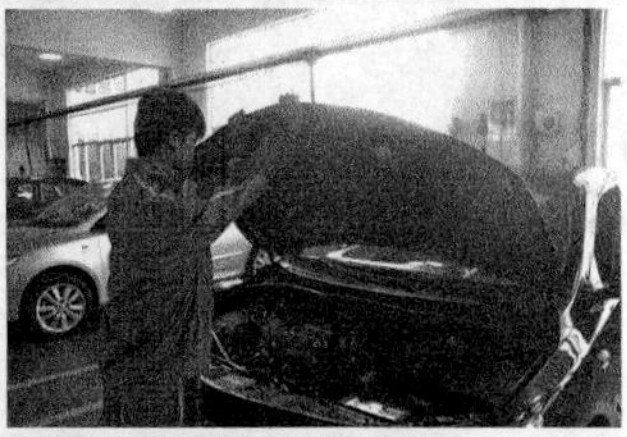	此时应注意，双手不要离开舱盖，防止舱盖滑落	
	第三步：抬起舱盖后，右手撑住发动机舱盖，左手去拿发动机舱盖支撑杆，将其插入发动机舱盖的定位孔上	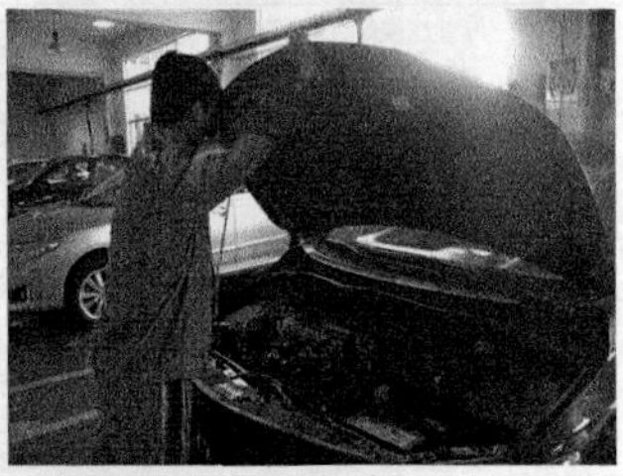	插上定位孔后，再次确认支撑足够牢固	
4. 安装翼子板布和前格栅布	第一步：首先从工具车里取出翼子板布和前格栅布，然后将它们按“左翼子板布—前格栅布—右翼子板布”的顺序叠好		这种顺序为以后的操作提供方便，应确保顺序无误	
	第二步：从车辆的左侧开始，学生站在车辆左侧翼子板中间位置，将翼子板布的一端磁铁与车辆的翼子板的最前面吸住		注意身体与汽车距离保持在 15 ～ 20cm。不要将磁铁放在灯罩之类的非磁铁物质上面，以防掉落	
	第三步：让翼子板布的所有磁铁都吸住车辆的翼子板。双手拿起其他两块布，离开翼子板，走向车辆正前方		此时应走出交叉步伐，左脚不动，右脚交叉步走到车辆左侧前照灯位置，然后左脚跟上来到汽车正前部	
	第四步：双手向下将前格栅布安装在车辆正前方的前格处		拿起右翼子板布时，要防止两块布被磁铁吸住	

续表

项 目	内 容	图 解	技术规程	完成确认(甲)
4. 安装翼子板布和前格栅布	第五步：左脚不动，右脚交叉步来到右前车轮处		身体不要碰到车辆	
	第六步：右脚不动，左脚跟步到车辆右侧。将右翼子板布的一端磁铁与车辆翼子板的最前端吸住，然后将剩余的磁铁都吸住车辆的翼子板		此时翼子板布和前格栅布都已经安装完毕。再次确认安装是否良好	
5. 检查喷洗器液面	用液位尺来检查喷洗液的液位是否在规定范围内	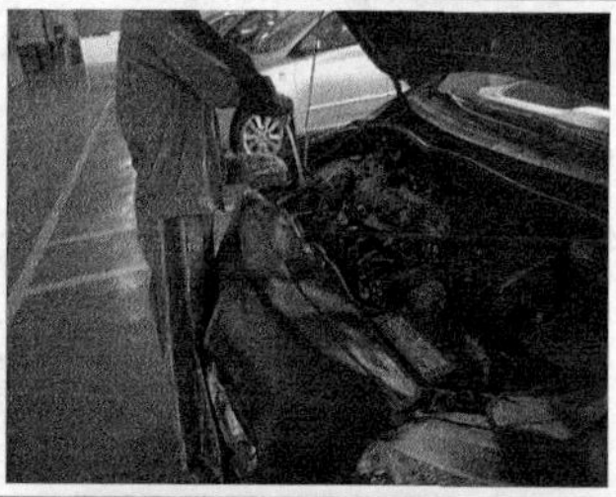	为下面喷洗器的检查做准备，勿遗忘	
6. 检查发动机冷却液液位	确认散热器储液罐内有足够的冷却液，并看其是否在规定的刻度范围内	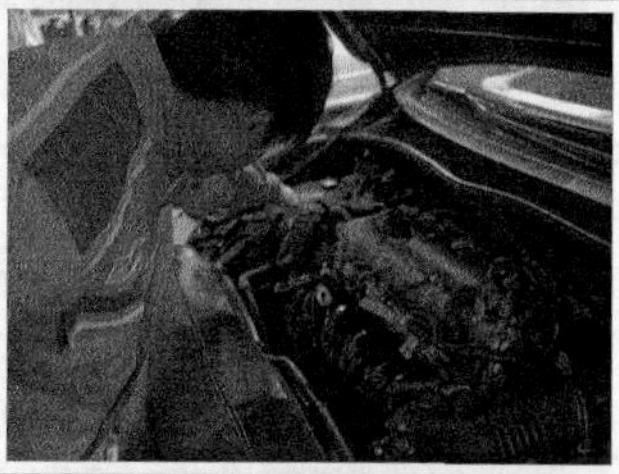	冷却液如果不足，应立即补充，防止发动机运转时不能冷却，造成严重后果	
7. 检查发动机机油	用机油尺检查发动机机油是否在正常刻度范围之内。 第一步：左手拿一块纱布，右手去拔机油尺		如果没有机油，则不能起动发动机，不然会造成严重后果	
	第二步：拔机油尺的时候，纱布一直包在机油尺上，当机油尺拔出后，从上往下擦机油尺		如果在操作过程中机油滴落，应立即用布擦干净	

续表

项　目	内　容	图　解	技术规程	完成确认（甲）
7. 检查发动机机油	第三步：把机油尺擦干净后，再将机油尺插入发动机中		操作时一定要把机油尺顶端先插入，再迅速地将整个机油尺插入	
	第四步：拔出机油尺，检查发动机的机油液位，应在两个刻度之间，确认机油液位正常。如果不正常，应立即加注到正常液位		检查时，尺身应在水平向下 45° 左右，纱布应放在机油尺顶端，防止机油滴落	
	第五步：检查完后将机油尺插回发动机中		在此过程中，只要有机油滴落，应立即清除	
8. 检查制动液液位	确保制动总泵的储液箱内的制动液液位正常，即在高位（max）和低位（min）之间		手动车辆中，制动液和离合器液是共用的	
9. 拆除翼子板布和前格栅布	第一步：从车辆右侧开始，首先把翼子板布一端的磁铁拉起来，另一只手按住另一端磁铁，否则会有掉落的危险		身体不要碰到车辆	
	第二步：将翼子板布的另一端磁铁也拉起来			

续表

项　目	内　容	图　解	技术规程	完成确认(甲)
9. 拆除翼子板布和前格栅布	第三步：右脚定位不动，左脚交叉步到右侧前照灯前方		在走的过程中，不能与车身有任何刮碰	
	第四步：走到车子正前方，双手拿起前格栅布			
	第五步：右脚定位不动，左脚交叉步走到左侧车轮处			
	第六步：走到左侧翼子板处，将其他两块布放到翼子板布上，一端拉起，然后两端都拉起翼子板布。三块布重叠在一起			
	第七步：将翼子板布和前格栅布叠好，并将它们放到工具车上		叠布时，将布对折再对折，然后将多余的部分折进里面	
10. 关闭发动机舱盖	第一步：左手拿住发动机舱盖支撑杆，右手顶住发动机舱盖	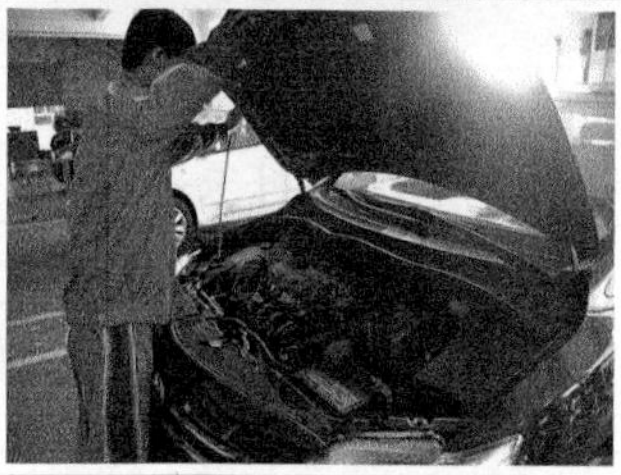	右手要稳稳地顶住舱盖，防止其下落	

续表

项　目	内　容	图　解	技术规程	完成确认(甲)
10. 关闭发动机舱盖	第二步：拔出发动机舱盖支撑杆，将其安放到卡箍中		如果拔的时候比较紧，请摇动舱盖，再慢慢拔出支撑杆	
	第三步：将发动机舱盖轻轻放到发动机舱上		禁止在高处放开发动机舱盖，那样容易产生噪声和损坏舱盖	
	第四步：双手放在发动机舱盖的中间，轻轻用力将盖子盖上即可，并确认完全关闭		压舱盖时不能用力过大，否则容易造成舱盖变形	

3.考核评价

顶起位置 1——预检工作考核评价表

时间：5min；满分：18 分

评　分		考核项目	评分标准
		预检工作	
		（1）驾驶员座椅	
		1）安装地板垫	方向、位置错误扣 0.5 分，未安装扣 1 分
		2）安装座椅套	铺放不到位，未盖满扣 0.5 分，未安装扣 1 分
		3）安装转向盘套	转向盘套安装不到位扣 0.5 分，撕裂扣 0.5 分，未安装扣 1 分
		4）安装变速杆套	暂不操作
		5）拉起发动机舱盖释放杆	释放杆未一次拉起扣 0.5 分，未拉扣 1 分
		（2）车辆前部	
		1）安装车轮挡块	任意车轮前和后，要求必须和车轮外边缘平齐，不允许超过车轮，否则扣 0.5 分，未安装扣 1 分

续表

评 分		考核项目	评分标准
		2）安装尾气管	未双手安装扣0.5分，掉落扣1分
		3）打开发动机舱盖	第一次没打开扣0.5分，支撑不牢扣1分
		4）安装翼子板布	动作规范，安装正确，工作可靠，否则扣0.5分
		5）安装前格栅布	动作规范，安装正确，工作可靠，否则扣0.5分
		（3）发动机室	
		1）检查喷洗器液面	液位尺标线无法看见扣0.5分，有液滴滴落扣0.5分，未擦扣0.5分，读错数扣1分
		2）检查发动机冷却液液位	用手摇晃冷却罐扣0.5分，读错数扣1分
		3）检查发动机机油	机油尺位置不对扣0.5分，有油滴落扣0.5分，未擦扣0.5分，读错数扣1分
		4）检查制动液液位	用手摇晃储液罐扣0.5分，读错数扣1分
		5）检查离合器总泵液体泄漏	用手摇晃储液罐扣0.5分，读错数扣1分
		6）拆除翼子板布	动作错误扣0.5分，掉落扣0.5分，叠放不整齐扣0.5分
		7）拆除前格栅布	动作错误扣0.5分，掉落扣0.5分，叠放不整齐扣0.5分
		8）关闭发动机舱盖	动作正确，轻轻放下，中间轻轻按下，否则扣0.5分

任务2

顶起位置1——驾驶员座椅检查

任务描述

本任务是同学乙在同学甲的配合下，在驾驶座椅上进行的检查。本任务是在任务1之后进行的作业。

通过对本任务的学习，学生应在相关知识、操作技能、行为习惯、职业素养等方面达到以下相关要求。

序号	内容（相关知识、操作技能、行为习惯、职业素养）	评价标准			
		了解知道	理解掌握	示范操作	独立操作
1	安全、规范地工作				√
2	爱护实训车辆				√
3	工作、学习环境整洁有序				√
4	驾驶员座椅任务的作业流程和方法		√		
5	同学甲和乙相互配合检查灯光的流程和方法		√		
6	离合器、制动器踏板的检查		√		
7	驾驶员座椅中各个任务的操作，并能够在规定时间完成			√	√
8	轮胎深度计和气压表的使用			√	√
9	团队配合，两位同学能够相互配合并能完成各自的操作			√	√

知识准备 ZHISHIZHUNBEI

1. 检查内容

本任务检查内容包括车灯（同学甲完成）、车灯指示灯（同学乙完成）、风窗玻璃清洗器、风窗玻璃刮水器、发动机起动、喇叭、驻车制动器、制动器、离合器、转向盘，以及汽车后部备用轮胎等。

本任务是在任务1之后进行的作业，同学乙可以先检查顶灯、喇叭、驻车制动器、转向盘等项目，等同学甲发出信号后同时配合灯光检查。

2. 技术标准

1）检查灯光时，同学甲和乙相互配合，用专用姿势完成检查任务。
2）发动机起动时，检查所有警告灯。
3）风窗玻璃刮水器的检查要注意各个挡位的操作。
4）转向盘自由行程——标准为小于30mm。
5）制动器踏板行程——标准为余量大于60mm。
6）驻车制动杆行程——标准为6 ～ 9响。
7）制动踏板高度——标准为136 ～ 146mm。
8）制动踏板自由行程——标准为0 ～ 6mm。
9）离合器踏板高度——标准为134 ～ 144mm。
10）离合器踏板自由行程——标准为5 ～ 15mm。
11）备胎胎面沟槽深度——标准为大于3mm。
12）备胎气压——标准为210kPa。

1. 任务准备

1）工作场景：理实一体化教室。
2）主要设备：实训车辆1台，举升机1台，常用工具1套。
3）辅助材料：钢直尺。

2. 实施步骤

本任务分为3个时段操作，甲、乙同学在时段1、2、3当中的操作为同步操作。
（1）第1时段
在第1时段同学甲无任务，等待同学乙完成操作后进入第2时段任务。
同学乙操作如下：

项　目	内　容	图　解	技术规程	完成确认(乙)
1. 仪表板灯点亮情况的检查	第一步：安装完三件套后进入驾驶室，将点火开关置于“ON”位置		同学乙在操作过程中随时注意同学甲发出的检查灯光的信号姿势，接到信号后先配合完成灯光检查，然后继续其他操作	
	第二步：当打开点火开关以后，确认仪表盘灯是否正常点亮。如果没有点亮，说明有故障		时间较短，需认真观察	
	第三步：起动发动机，准备检查灯光		起动发动机目的：防止检查灯光和喇叭时，蓄电池耗电量增大。同学乙再次确认驻车制动杆已拉起，起动汽车	
2. 顶灯点亮情况检查	第一步：检查第一盏顶灯（此顶灯位于前方中间位置开到）“ON”位置能否正常点亮		此操作是为检查门控灯做准备，勿遗忘	
	第二步：检查第二盏顶灯（此灯位于车顶的中间位置）开到“ON”位置能否正常点亮（如果没有第二盏灯，不做本操作）			
	第三步：将顶灯开关旋至“door”位置			
3. 喇叭检查	第一步：打开点火开关（已做），先按下中间位置的喇叭，检查此时喇叭音量和音调是否稳定。再将转向盘向左打，同时按下喇叭，检查此时喇叭音量和音调是否稳定		在做此操作的过程中，如果同学甲向乙发出灯光检查的信号，请放下手里的操作，配合甲完成操作，并完成自己的灯光指示灯检查的操作。完成后，继续完成本次操作	

续表

项　目	内　容	图　解	技术规程	完成确认（乙）
3. 喇叭检查	第二步：向右打转向盘，同时按下喇叭，检查此时喇叭音量和音调是否稳定		注意听喇叭声音	
4. 驻车制动杆行程检查	第一步：踩下制动踏板，按下顶端按钮，放下驻车制动杆	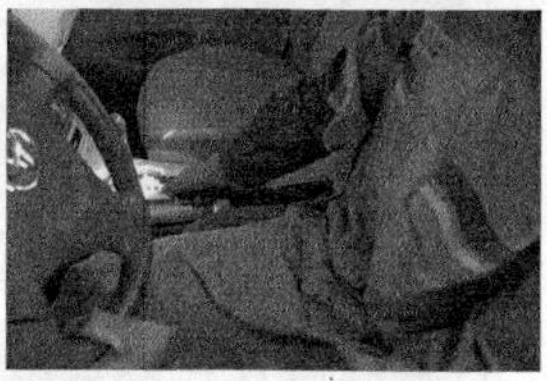	在做此操作的过程中，如果同学甲向乙发出灯光检查的信号，请放下手里的操作，配合甲完成操作，并完成自己的灯光指示灯检查的操作。完成后，继续完成本次操作	
	第二步：慢慢拉起驻车制动杆，拉动时可以听到“咔哒”声，记下此时响声的次数，此即为驻车制动杆的行程。如果不符合标准，调整驻车制动杆的行程		1）在拉动的时候不要太用力，要均匀用力拉起来。 2）当驻车制动杆行程超出规定值时，应调整后制动蹄片或驻车制动蹄片的间隙，然后重复检查。必要时重复这个过程，然后调整驻车制动杆行程	
5. 驻车制动指示灯点亮情况检查	第一步：点火开关置于“ON”位置，释放驻车制动杆，此时驻车制动器指示灯熄灭		拉驻车制动杆时，眼睛要注意观察仪表盘上的指示灯。如果亮，即为不正常	
	第二步：拉起驻车制动杆，达到第一个槽口前，指示灯就已经发光	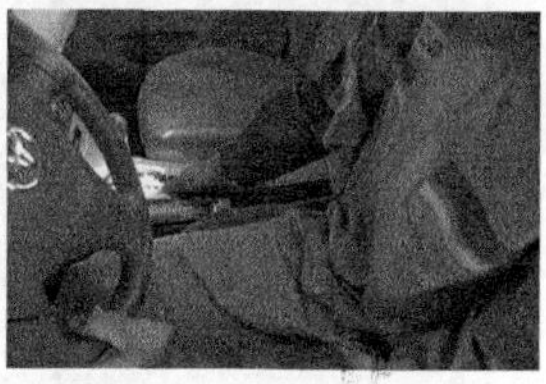	拉驻车制动杆时，眼睛要注意观察仪表盘上的指示灯。如果不亮，即为不正常	
	第三步：拉回驻车制动杆，使其归位。放松制动踏板			

（2）第2时段

1）同学乙操作如下：

起动后，检查车辆的灯是否正常发光和闪烁。此部分操作需要和同学甲共同完成，当同学甲关闭发动机舱盖，并做出灯光检查姿势时，同学乙应放下其他操作开始此操作；同学乙检查灯光指示灯，同学甲检查外部灯光。同时，同学乙应注意同学甲的姿势，并检查示宽灯，前照灯远、近光，危险警告灯，以及转向灯。

项　目	内　容	图　解	技术规程	完成确认（乙）
1. 示宽灯点亮情况检查	观察同学甲放下发动机舱盖做出示宽灯检查姿势时，配合他将变光开关旋动一挡，然后检查车灯是否亮起	 	同学甲关上发动机舱盖，退后一步，做出示宽灯检查姿势——双臂平伸，紧握双拳，拇指向上。观察示宽灯是否亮起。此时变光开关的位置为转向盘的左侧，转动时手放在转向开关的外缘	
2. 前照灯远光指示灯点亮情况检查	同学甲做出远光灯检查姿势时，将变光开关旋至二挡后向下压，检查车灯指示灯是否正常亮起	 	在操作之前，变光开关已经在一挡，现在只需向上抬即可。 同学甲做出远光灯检查姿势——双臂胸前弯曲，四指向上。观察外部灯光是否亮起	
3. 前照灯近光指示灯点亮情况检查	将下压的变光开关松开	 	同学甲做出近光灯检查姿势——双臂下伸，四指向下。检查近光灯是否亮起	
4. 前照灯闪光器开关盒指示灯点亮情况检查	当同学甲做出闪光变光姿势时，同学乙将变光开关由下往上拉起，观察前照灯是否会在近光灯和远光灯之间转换，重复这样操作两次，同时观察车灯指示灯是否会正常亮起。外部车灯由同学甲完成检查。 当变光开关往上拉起时，远光灯指示灯亮起，而在近光时指示灯不会亮	 	同学甲做出检查灯光姿势的同时，要检查外部远光和近光的切换。 切换姿势——双臂向下平伸，四指向下，反复翻转手背	

续表

项 目	内 容	图 解	技术规程	完成确认（乙）
5. 转向信号灯和指示灯点亮情况检查	第一步：当同学甲做出左转向灯姿势时，操作变光开关向左边打，观察车灯指示灯是否正常亮起闪烁	 	同学甲做出左转向动作——右弓步，平伸右臂，拇指上翘。同时检查左转向灯是否正常点亮，并以一定频率闪烁	
	第二步：当同学甲做出右转向灯姿势时，操作变光开关向右边打，观察车灯指示灯是否正常亮起闪烁	 	同学甲做出右转向动作——左弓步，平伸左臂，拇指上翘。同时检查右转向灯是否正常点亮，并以一定频率闪烁	
6. 危险警告灯和指示灯点亮情况检查	同学甲做出危险警告灯检查姿势，同学乙右手按下红色三角形的危险警告灯按钮，观察仪表盘上的指示灯是否会正常闪烁亮起	 	同学甲做出危险警告灯检查姿势——双臂平伸，五指靠拢，并观察危险警告灯是否以一定的频率亮灭闪烁。危险警告灯指示灯与左、右转向灯相同	
7. 变光开关自动回位功能检查	第一步：首先将车辆归位于水平正前方位置，然后将变光器开关向左打，同时指示灯点亮		该操作是为接下来的检查做准备，勿遗忘	

续表

项　目	内　容	图　解	技术规程	完成确认（乙）
7. 变光开关自动回位功能检查	第二步：双手平握转向盘，然后向左打方向约 90°		此时转向信号灯和指示灯应该不断闪烁	
	第三步：将转向盘转到水平位置		此时转向信号灯和指示灯应正常熄灭	
8. 尾灯和牌照灯点亮情况检查	第一步：观察同学甲是否到位，到位后配合进行灯光检查		此时同学甲推工具车已经来到车身后部，准备尾灯检查和备胎检查	
	第二步：将变光开关旋动一挡，然后让同学甲观察车灯（尾灯和牌照灯）是否正常点亮	 	同学甲做出尾灯检查姿势——半臂平伸，四指向前，掌心向上。当变光开关旋动一挡后，尾灯和牌照灯会一起点亮	
9. 转向信号灯和指示灯（后）点亮情况检查	第一步：当同学甲做出左转向灯姿势时，操作变光开关向左边打，观察车灯指示灯是否正常亮起闪烁		同学甲做出左转向信号灯检查姿势——左弓步，平伸左臂，拇指上翘。同时，检查左转向信号灯是否正常点亮，并以一定频率闪烁	
	第二步：当同学甲做出右转向灯姿势时，操作变光开关向右边打，观察车灯指示灯是否正常亮起闪烁	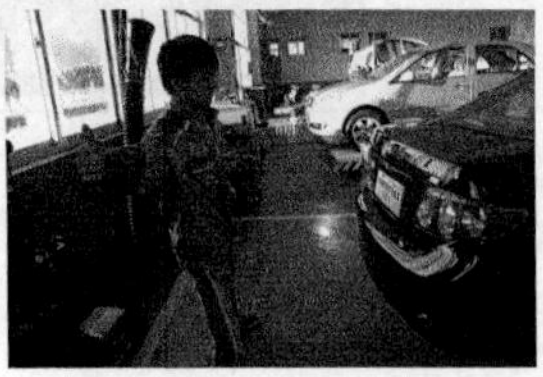	同学甲做出右转向动作——右弓步，平伸右臂，拇指上翘。同时，检查右转向信号灯是否正常点亮，并以一定频率闪烁	

续表

项　目	内　容	图　解	技术规程	完成确认（乙）
10. 倒车灯点亮情况检查	第一步：同学甲做出倒车灯检查姿势，然后同学乙右脚踩下制动踏板，右手将变速器变速杆换入“R”挡。同学甲观察倒车灯是否正常点亮		同学甲做出倒车灯检查姿势——双臂弯曲，四指弯曲，拇指向后。 一定要注意同学甲做出的姿势	
	第二步：检查完成后将挡位换成“P”挡，然后释放制动器			
11. 危险警告灯和指示灯（后）点亮情况检查	同学甲做出危险警告灯检查姿势，同学乙右手按下红色三角形的危险警告灯按钮，观察仪表盘上的指示灯是否会正常闪烁亮起	  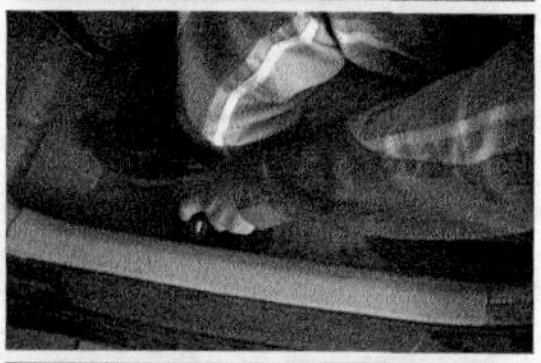 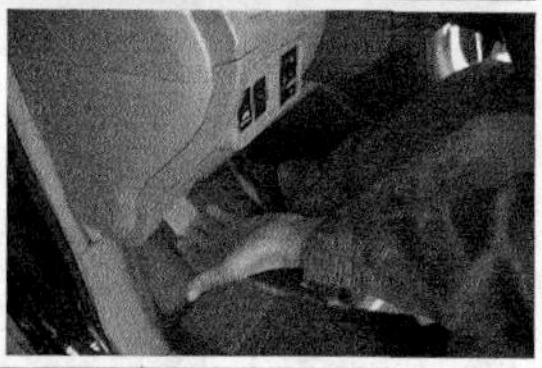	同学甲做出危险警告灯检查姿势——双臂平伸，五指靠拢，并观察危险警告灯是否以一定的频率亮灭闪烁。 完成此步骤后，同学乙要打开行李舱、燃油箱盖，以及发动机舱盖的开关，为后面的检查和同学乙做轮胎检查提供方便	

2）同学甲操作如下：

项　目	内　容	图　解	技术规程	完成确认（甲）
1. 检查灯光准备工作	放下发动机舱盖，向后退一步，弯曲抬起右半臂，大声喊出“检查灯光”，给同学乙信号		确保同学乙收到信号	

续表

项　目	内　容	图　解	技术规程	完成确认（甲）
2. 示宽灯点亮情况检查	同学甲关上发动机舱盖，退后一步，做出示宽灯检查姿势——双臂平伸，紧握双拳，拇指向上，并观察示宽灯是否亮起			
3. 前照灯远光灯点亮情况检查	同学甲做出远光灯检查姿势——双臂胸前弯曲，四指向上，并观察外部灯光是否亮起			
4. 前照灯近光灯点亮情况检查	同学甲做出近光灯检查姿势——双臂下伸，四指向下，并检查近光灯是否亮起			
5. 闪光灯检查	同学甲做出检查灯光姿势的同时，要检查外部远光和近光的切换。 切换姿势——双臂向下平伸，四指向下，反复翻转手背		观察同学乙是否收到信号	
6. 转向信号灯点亮情况检查	第一步：同学甲做出左转向信号灯检查动作——右弓步，平伸右臂，拇指上翘。同时，检查左转向信号灯是否正常点亮，并以一定频率闪烁			
	第二步：同学甲做出右转向动作——左弓步，平伸左臂，拇指上翘。同时，检查右转向信号灯是否正常点亮，并以一定频率闪烁			
7. 危险警告灯点亮情况检查	同学甲做危险警告灯检查姿势——双臂平伸，五指靠拢，并观察危险警告灯是否以一定的频率亮灭闪烁。危险警告灯指示灯与左、右转向灯相同			

续表

项 目	内 容	图 解	技术规程	完成确认（甲）
8. 尾灯点亮情况检查准备	同学甲推工具车来到车身后部，准备尾灯检查和备胎检查	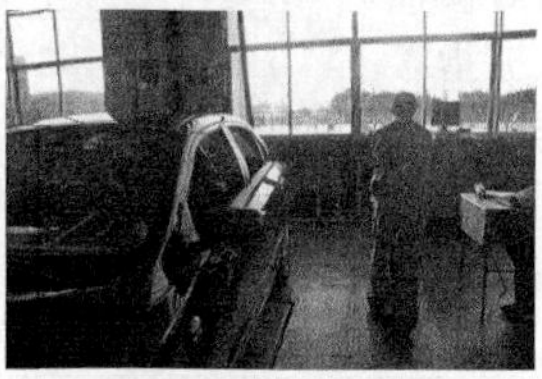	推车时只能推，不能拉	
9. 牌照灯点亮情况检查	同学甲做出检查姿势——半臂平伸，四指向前，掌心向上。检查牌照灯和尾灯是否点亮	 	观察同学乙是否收到信号	
10. 转向信号灯和指示灯（后）点亮情况检查	第一步：同学甲做出左转向动作——左弓步，平伸左臂，拇指上翘。同时，检查左转向信号灯是否正常点亮，并以一定频率闪烁			
	第二步：同学甲做出右转向动作——右弓步，平伸右臂，拇指上翘。同时，检查右转向信号灯是否正常点亮，并以一定频率闪烁			
11. 制动车灯点亮情况检查（与尾灯一起点亮）	同学甲做出制动灯光检查姿势——双臂向前弯曲，四指向上，并检查制动车灯是否正常点亮			
12. 倒车灯点亮情况检查	同学甲做出倒车灯检查姿势——双臂弯曲，四指弯曲，拇指向后，并观察倒车灯是否正常点亮			

续表

项　目	内　容	图　解	技术规程	完成确认（甲）
13. 危险警告灯（后）点亮情况检查	同学甲做出危险警告灯检查姿势——双臂平伸，五指靠拢，并观察危险警告灯是否以一定的频率亮灭闪烁。危险警告灯指示灯与左、右转向灯相同		完成此步骤后，同学乙要打开行李舱及燃油箱盖的开关。同学甲开始对备胎进行检查	

（3）第3时段

1）同学乙操作如下：

项　目	内　容	图　解	技术规程	完成确认（乙）
1. 检查组合仪表警告灯：点亮和熄灭（起动发动机）情况	第一步：当点火开关置于“ON”位置时，检查所有警告灯（放电警告灯、故障指示灯、油压警告灯等）是否正常点亮		时间较短，需认真观察	
	第二步：起动发动机，检查发动机起动后是否所有警告灯熄灭		此步骤在起动汽车工况时检查。在检查刮水器和喷洗器之后操作	
2. 风窗玻璃喷洗器（喷射状态、喷射位置和刮水器联动检查）	第一步：用右手拉喷洗器开关，使得喷洗器进行工作，以便检查		动作干净利落	
	第二步：检查风窗玻璃喷洗器喷洒压力是否足够；喷洗区是否集中在刮水器工作范围内。当风窗玻璃工作时，刮水器是否协同工作	 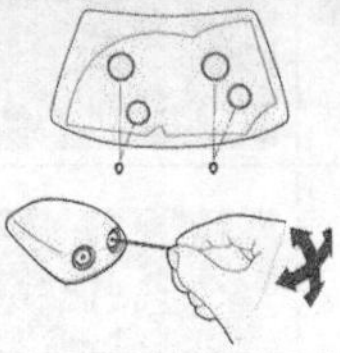	若喷射位置不正确，用一根钢丝对准喷嘴调节方向，使喷射方向正确	

续表

项　目	内　容	图　解	技术规程	完成确认（乙）
3. 风窗玻璃刮水器	第一步：检查工作情况(低速)		将刮水器开关置于"LO"位置，观察刮水器的摆动情况，观察要仔细	
	第二步：检查工作情况(高速)		将刮水器开关置于"HI"位置，观察刮水器的摆动情况	
	第三步：检查工作状况(间歇功能)	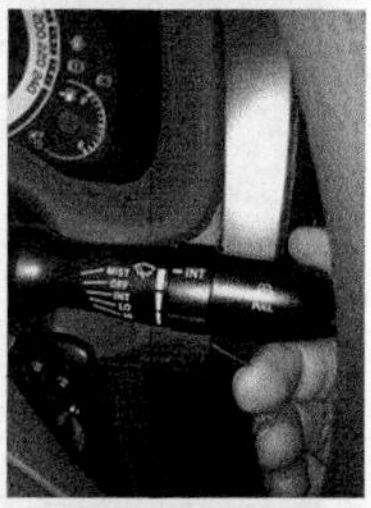	将刮水器开关置于"INT"位置，观察刮水器的摆动情况	
	第四步：检查工作情况(除雾功能)	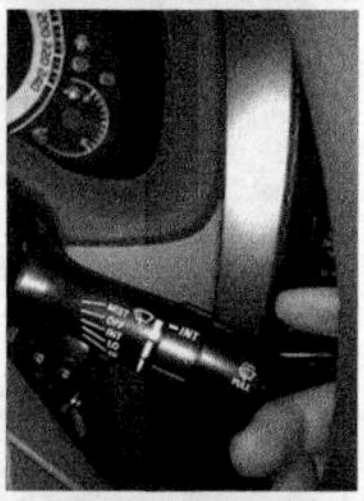	将刮水器开关置于"MIST"位置，观察刮水器的摆动情况	
	第五步：检查停止位置	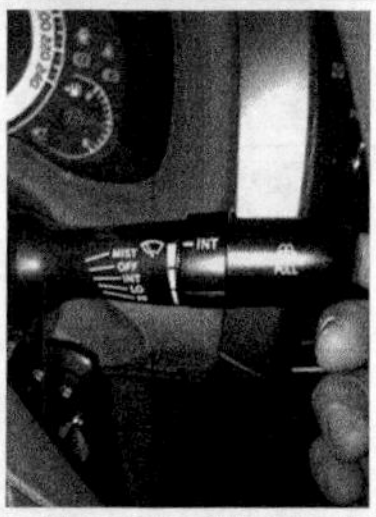	当刮水器开关关闭时，检查刮水器是否自动停止在其停止位置，即车窗玻璃的下沿	
	第六步：检查刮拭状况		挂水状况：喷洒喷洗液，检查刮水器不会产生以下问题——条纹式刮水痕迹或不刮水	

续表

项　目	内　容	图　解	技术规程	完成确认（乙）
4. 测量转向盘的自由行程	第一步：从驾驶室地板处拿来钢直尺，用来测量转向盘的自由行程		在配备动力转向系统的车辆上，起动发动机，使车辆笔直向前	
	第二步：轻轻移动转向盘，在车轮就要开始移动时，使用一把钢直尺测量转向盘的移动量，即自由行程		钢直尺不能掉落地上	
	第三步：用钢直尺测量从转向盘水平位置至转向盘转至使车轮将要动的那一时刻的垂直距离	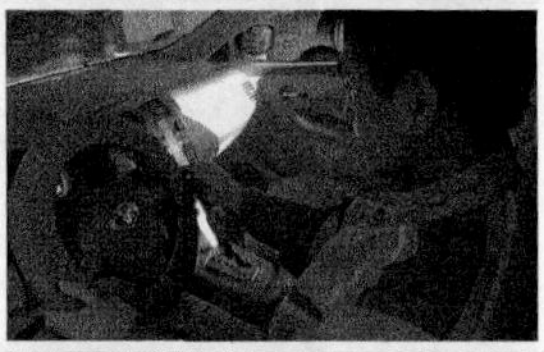	转向盘自由行程的标准值：小于 30mm	
5. 转向盘松弛度和摆动	第一步：双手水平握住转向盘，上下轻轻用力移动转向盘，确保其没有松动		动作要适度	
	第二步：双手垂直握住转向盘，上下轻轻用力移动转向盘，确保其没有松动			
6.ACC 位置时转向盘可否自由移动	第一步：将点火开关转动到 ACC 位置		分清楚点火开关位置	
	第二步：向左打转向盘，能够保证转向盘不锁定和自由转动		动作不能过大，要适度	
	第三步：向右打转向盘，能够保证转向盘不锁定和可自由移动	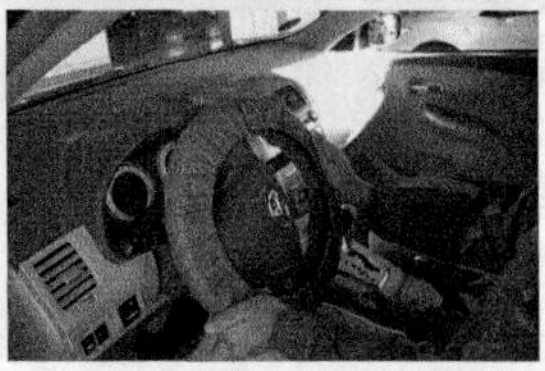	动作要适度	

续表

项　目	内　容	图　解	技术规程	完成确认（乙）
6.ACC 位置时转向盘可否自由移动	第四步：将转向盘回到中间位置		如果其中有一侧不能转动，即为不正常	
7. 测量制动踏板行程余量	第一步：发动机处于起动状态，松开驻车制动器		驻车制动杆的释放是为了便于接下来的检查	
	第二步：使用 490N 的力踩下制动踏板（踩下并保持住）		力度要找准	
	第三步：使用一把钢直尺测量踏板行程余量，以便检查其是否处于规定的范围内	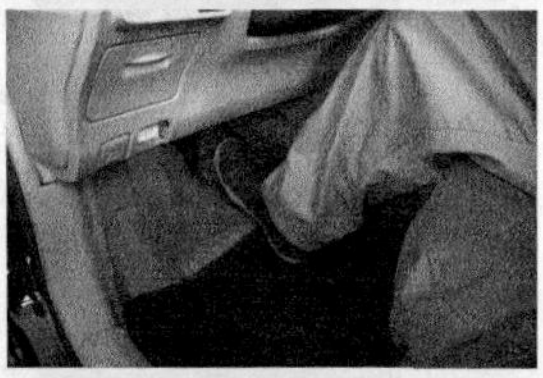	1）标准值为大于 60mm。 2）测量从地面到制动踏板上表面的距离	
	第四步：测量完成后，拉起驻车制动杆，将其复位		驻车制动杆要拉到位置	
8. 制动助力器气密性的检查	第一步：起动发动机（本步骤已做）		注意先后步骤及要求	
	第二步：使发动机运转 1～2min，然后停下			
	第三步：检查在每次踩压踏板后，踏板返回距离是否越来越大			

续表

项　目	内　容	图　解	技术规程	完成确认（乙）
9. 制动助力器工作（下沉）情况及制动踏板自由行程的检查	第一步：发动机停机		制动踏板制动行程的检查：踩压制动踏板 40 次，将钢直尺垂直放于地板上，用手轻轻按压制动踏板，到感觉阻力突然增大时为止，测量自由踏板自由行程。标准值为 1～6mm，调整制动踏板高度时，其自由行程会自动调整	
	第二步：踩压制动踏板数次。在装有液压制动助力器的汽车上，应当踩压制动踏板 40 次以上			
	第三步：要求踏板高度没有变化		观察数据要仔细	
	第四步：踏板踩下后，起动发动机		一定要踏板踩下后再起动发动机	
	第五步：检查踏板是否继续下沉		仔细感觉踏板	
10. 制动助力器真空功能（控制阀：高度不变）	第一步：起动发动机（已做）		仔细观察踏板变化	
	第二步：踩下制动踏板并保持 30s 后，关闭发动机			
	第三步：检查。要求踏板高度没有变化			
11. 测量制动踏板高度	第一步：打开车门，以便检查制动踏板高度		观察外面是否有人。注意安全	

续表

项　目	内　容	图　解	技术规程	完成确认（乙）
11. 测量制动踏板高度	第二步：将钢直尺垂直放于地板上面，测量制动踏板高度		如果从地毯表面开始测量，则从标准值中扣除地毯厚度	
	第三步：从钢直尺中读取所测量出来的制动器踏板高度	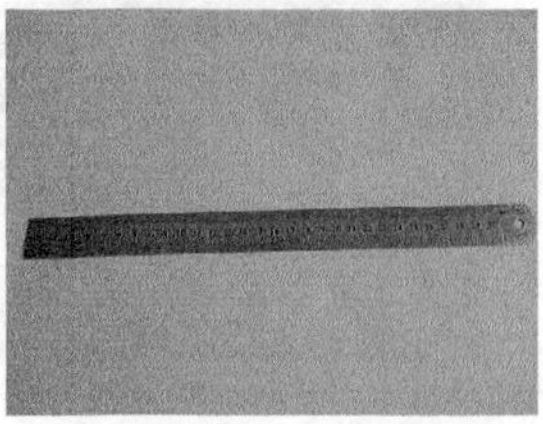	1）标准值为 136 ~ 146mm。 2）制动踏板的高度调整步骤如下： ① 松开锁止螺母 I。 ② 转动踏板推杆到踏板高度正确。 ③ 上紧锁止螺母	
12. 外部检查准备	第一步：打开点火开关，开关置于“ON”位置，以便进行接下来门控灯的检查	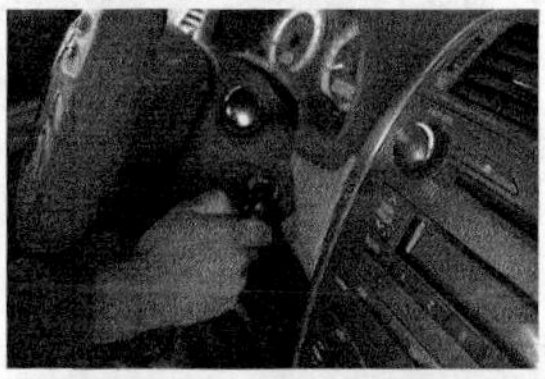	切勿遗忘	
	第二步：拉起发动机舱盖释放杆		位置开关要牢记	
	第三步：将变速杆置于空挡，以便进行底盘的检查	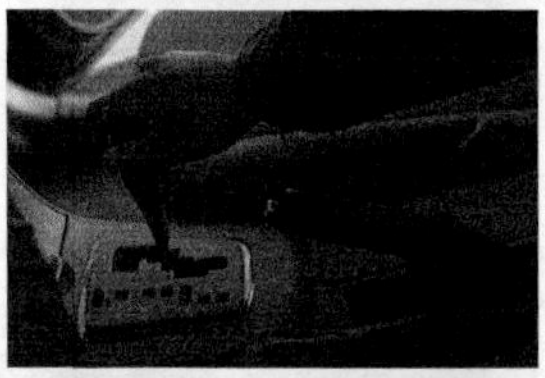	如果变速杆不能直接换，则可以按下锁止按钮，再进行操作	
	第四步：释放驻车制动杆。以便进行车轮及制动系统的检查，并将钢直尺带出车内，放入工具车上	 	注意钢直尺不要掉落	

2）同学甲操作如下：

项　目	内　容	图　解	技术规程	完成确认（甲）
1. 备胎的准备工作——拿取备胎	第一步：用双手掀起行李舱的地板垫，以便能取出备胎		用力要均衡	
	第二步：将备胎固定螺栓旋松，以便能够取出备胎		如果比较紧，可带上手套拧	
	第三步：将刚才旋下的备胎螺栓放在行李舱右边	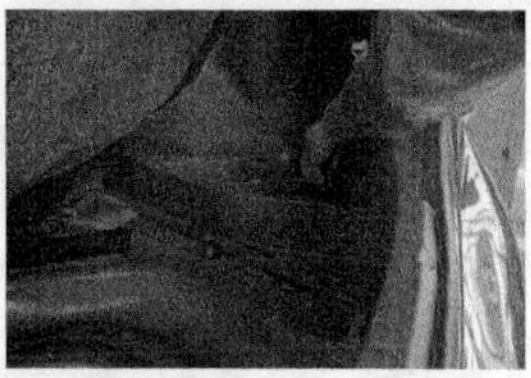	防止螺栓掉落	
	第四步：左手顶住行李舱垫，右手拿住轮胎，把备胎从行李舱中取出，放到轮胎架上，便于检查		取出时不能和车身发生接触，在搬运工程中轮胎不能着地。 将轮胎放在轮胎架上转动一圈，每转动一次转动角度为120°，分三次完成，以便进行下列任务检查。 1）检查是否有裂纹和损坏。 检查轮胎胎面和胎壁是否有裂纹、割痕或者其他损坏。 2）检查是否嵌入金属颗粒或者其他异物。 检查轮胎胎面和胎壁是否嵌入金属颗粒、石子或其他杂物。 3)检查是否有异常磨损。 检查车胎的整个外围是否有均匀磨损或者阶段磨损	

续表

项　目	内　容	图　解	技术规程	完成确认（甲）
2. 检查钢圈是否损坏或者腐蚀	分两面来检查钢圈——内圈和外圈。检查轮圈和轮盘是否有损坏、腐蚀、变形和跳动		用手轻轻地去摸钢圈，同时用眼睛看来检查是否有损坏或腐蚀的情况	
3. 测量胎面沟槽深度（用轮胎深度计来测量）	第一步：从工具车中取出深度计，进行深度的测量	 	测量前需要清洁与校零深度计。首先找到带有三角形箭头的胎面磨损标记，然后进行测量	
	第二步：在轮胎胎面找到一条槽进行测量，然后转动轮胎 120° 换一条槽进行第二次测量，再将轮胎转动 120° 再换一条槽进行第三次测量		标准值为大于 3mm。操作完成后将深度计放回原处	
4. 检查气压	第一步：在轮胎上找出气嘴，旋出气嘴盖，以便进行轮胎气压和漏气的检查		旋气门嘴时，防止其掉落	
	第二步：从工具车中拿出气压表，以便进行轮胎气压的检查		检查前需要对气压表进行校零	
	第三步：将轮胎气压表插入气嘴处，然后观察气压表，读取气压值，检查气压是否在正常范围内	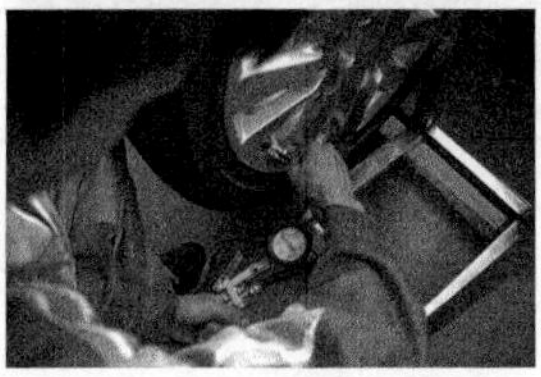	标准值为 210kPa。操作完成后，将气压表放回原处	

续表

项　目	内　容	图　解	技术规程	完成确认（甲）
5. 检查是否漏气	第一步：从工具车中取来肥皂水和毛笔，以便检查轮胎是否漏气		如果检查时肥皂水滴落地上，应立即擦除	
	第二步：将肥皂水涂在气门嘴的周围，检查轮胎是否漏气。如果有气泡出来，说明轮胎漏气		如果检查时肥皂水滴落地上，应立即擦除。确保肥皂水滴满气门嘴处	
	第三步：操作完成后，先将肥皂水和毛笔放回原处，然后将气门嘴盖旋紧		旋紧前先用布擦一下气门嘴	
6. 放回轮胎	第一步：双手拿住轮胎，准备将轮胎安装到行李舱中		一定要双手操作	
	第二步：一只手提起备胎，另一只手掀起行李舱垫，准备将轮胎放回里面	 	不要与车身接触	
	第三步：将备胎放入行李舱		切莫与车身刮擦	

续表

项　目	内　容	图　解	技术规程	完成确认（甲）
6. 放回轮胎	第四步：从行李舱右侧拿来备胎固定螺栓，同时将备胎紧固在行李舱中，螺栓旋到用手拧紧为止		螺栓位置要对准	
	第五步：将行李舱垫盖好		双手盖好，铺平	
	第六步：双手将行李舱门盖上	 	操作时要轻，关好后用布擦干净手摸过的地方	

3. 考核评价

顶起位置 1——驾驶员座椅检查考核评价表

时间：15min；满分：51 分

评　分			考核项目	评分标准
			驾驶员座椅	
	左	右	（1）车灯（同学甲、乙相互配合检查灯光，不起动，否则扣 1 分）	
			1）检查仪表板灯点亮（点火开关在“ON”位置）	检查不正确扣 1 分
			2）检查顶灯点亮情况	在车内用顶灯开关控制顶灯，检查错误扣 1 分
			3）将顶灯开关旋至“door”	未做扣 1 分
			4）检查示宽灯点亮情况	开错，报错，姿势不对，没检查扣 1 分
			5）检查前照灯（近光）	开错，报错，姿势不对，没检查扣 1 分
			6）检查前照灯（远光）和指示灯	开错，报错，姿势不对，没检查扣 1 分
			7）检查闪光灯和指示灯	开错，报错，姿势不对，没检查扣 1 分

续表

评　分			考核项目	评分标准
			8）转向信号灯和指示灯（前）	开错，报错，姿势不对，没检查扣 1 分
			9）危险警告灯和指示灯（前）	开错，报错，姿势不对，没检查扣 1 分
			10）变光开关自动回位功能	开错，报错，没检查扣 1 分
			11）尾灯点亮情况	开错，报错，没检查扣 1 分
			12）牌照灯点亮情况	开错，报错，没检查扣 1 分
			13）转向信号灯和指示灯（后）	开错，报错，姿势不对，没检查扣 1 分
			14）制动灯点亮情况	开错，报错，姿势不对，没检查扣 1 分
			15）倒车灯点亮情况	开错，报错，姿势不对，没检查扣 1 分
			16）危险警告灯（后）	开错，报错，姿势不对，没检查扣 1 分
			17）组合仪表警告灯点亮情况	充电，油压，ABS，MIL 检查错误扣 1 分
	左	右	（2）风窗玻璃喷洗器	
			1）检查喷射状态	操作错误，未报扣 1 分
			2）检查喷射位置	操作错误，未报扣 1 分
			3）检查刮水器联动	检查错误扣 1 分
	左	右	（3）风窗玻璃刮水器	
			1）低速	速度正常，工作平稳，检查错误扣 1 分
			2）高速	速度正常，工作平稳，检查错误扣 1 分
			3）间歇功能	间歇动作正常，检查错误扣 1 分
			4）雾功能	除雾动作正常，检查错误扣 1 分
			5）检查停止位置	应自动复位，检查错误扣 1 分
			6）刮拭状况	刮水效果好，检查错误扣 1 分
			（4）发动机起动任务	
			转向盘自由行程小于 30mm	没有放置水平，读数错误，判断错误扣 1 分
	√		制动器行程余量	流程少做，读数错误扣 1 分
	√		制动助力器气密性	流程少做，读数错误，判断错误扣 1 分
			制动助力器工作情况下沉	没做，忘做，判断错误扣 1 分
	√		制动助力器真空功能（高度不变）	没做，忘做，少做，判断失误扣 1 分
	左	右	（5）喇叭	
			工作情况检查	没做，忘做，少做，判断失误扣 1 分
			（6）驻车制动器	
			制动杆行程（6～9 响）	注意牙数，报错扣 1 分
			驻车制动指示灯	拉动第一牙应亮，放下熄灭
			（7）制动器	
			测量制动踏板高度	动作不规范，读数不正确扣 1 分
			测量制动踏板自由行程	动作不规范，读数不正确扣 1 分
			（8）转向盘	
			1）松弛和摆动	操作不完全，检查失误扣 1 分

续表

评 分			考核项目	评分标准
			2）ACC 位置，转向盘是否移动	少做，不规范，检查错误扣 1 分
			（9）外部检查准备	
			1）点火开关置于“ON”位置	未操作扣 1 分
			2）拉起发动机舱盖	未操作扣 1 分
			3）打开行李舱门（灯光检查后）	未操作，操作顺序错误扣 1 分
			4）打开燃油箱	未操作扣 1 分
			5）置于空挡	未操作扣 1 分
			6）释放驻车制动杆	未操作扣 1 分
			（10）备用轮胎	
			1）检查是否有裂纹损坏	未检查出来扣 1 分
			2）是否有金属颗粒嵌入	未检查扣 1 分
			3）是否有异常磨损	未检查扣 1 分
			4）检查钢圈是否损坏或腐蚀	未检查扣 1 分
			5）沟槽深度	操作不规范扣 1 分
			6）检查气压	操作不规范，读数不正确扣 1 分
			7）检查是否漏气	操作不规范，检查错误扣 1 分

任务3

顶起位置1——车辆前后部、车门及油箱盖检查

任务描述

本任务是在同学甲、乙共同配合下，对汽车进行前部、后部检查，车门、油箱盖检查，并做举升汽车准备，最后将汽车举升至最高位顶起位置3（排放机油位）。该任务由同学乙从驾驶室出来和同学甲检查完灯光开始，直到汽车被举升到顶起位置3结束。

本任务是在任务2之后进行的作业。

通过对本任务的学习，学生应在相关知识、操作技能、行为习惯、职业素养等方面达到以下相关要求。

序号	内容（相关知识、操作技能、行为习惯、职业素养）	评价标准			
		了解知道	理解掌握	示范操作	独立操作
1	安全、规范地工作				√
2	爱护实训车辆				√
3	工作、学习环境整洁有序				√
4	检查的重要性	√			
5	车门、油箱盖及汽车后部等检查的操作流程		√		
6	配合举升汽车等操作			√	√
7	团队配合，两位同学能够相互配合并能完成各自的操作		√		√

知识准备 ZHISHIZHUNBEI

1. 检查内容

本任务由两位同学对门控灯、安全带、座椅、车门螺栓、减振器、车灯安装状况、汽油箱盖进行检查，并做汽车的举升准备，最后将汽车举升到顶起位置3（高位：排放机油工位）。

2. 技术标准

1）门控灯：所有车门关闭时熄灭，其中有一扇门打开时亮，指示灯也是如此。
2）油箱盖转矩限制器：当油箱盖旋紧听到“咔咔”声时，即为正常。
3）灯罩的检查，要注意车辆前方所有灯罩都要检查。
4）举升机的操作要按照仪器使用的标准进行操作。

1. 任务准备

1）工作场景：理实一体化教室。
2）主要设备：实训车辆1台，举升机1台，常用工具1套。
3）辅助材料：垫块。

2. 实施步骤

本任务分为4个时段。甲、乙同学在时段1～4中的操作为同步操作。
（1）第1时段
本时段同学甲无任务。同学甲等同学乙完成操作后共同进入第2时段。
同学乙操作如下：

项　目	内　容	图　解	技术规程	完成确认（乙）
安装举升垫块	第一步：从驾驶室出来，双手拿起两个垫块放在汽车左下方		身体不要接触车辆	
	第二步：双手拿起两个垫块放在汽车右下方			

（2）第2时段

1）同学乙操作如下：

项　目	内　容	图　解	技术规程	完成确认（乙）
门控车灯开关的检查	第一步：安装完右侧举升垫块，来到汽车左侧，打开左前车门，其他车门关闭，此时顶灯亮。观察仪表板上的指示灯是否正常点亮	  	检查时其他车门必须完全关闭	
	第二步：关闭左前车门，观察顶灯，顶灯应立刻熄灭，同时观察仪表板上的指示灯是否正常熄灭	   	仔细观察指示灯	

续表

<table>
<tr><th>项　目</th><th>内　容</th><th>图　解</th><th>技术规程</th><th>完成确认（乙）</th></tr>
<tr><td rowspan="3">门控车灯开关的检查</td><td>第三步：相同方法检查左后门控灯</td><td>  </td><td>右侧前后门的门控灯由同学甲完成。但是要注意的是检查一个门时，其他三个门要关上</td><td></td></tr>
<tr><td>第四步：关闭点火开关至 ACC 位置，关闭顶灯</td><td rowspan="2"> </td><td rowspan="2">此步骤可做也可不做，本步骤主要是为了节省蓄电池的电量。
在同学甲进行减振器检查时，要晃动汽车，此时禁止同学乙进入驾驶室进行检查。时间要与同学甲交叉开</td><td rowspan="2"></td></tr>
<tr><td>第五步：将工具车从后面推到车辆左前部，为同学甲操作赢得时间</td></tr>
</table>

2）同学甲操作如下：

项　目	内　容	图　解	技术规程	完成确认（甲）
右侧门控灯的检查	第一步：打开右后车门，其他车门关闭，此时顶灯亮。观察仪表板上的指示灯是否正常点亮	   	检查时其他车门必须完全关闭	

续表

项　目	内　容	图　解	技术规程	完成确认（甲）
右侧门控灯的检查	第二步：关闭右后车门，观察顶灯，顶灯应立刻熄灭，同时观察仪表上的指示灯是否正常熄灭	 	确保其他车门也关闭	
	第三步：相同方法检查右前门控灯	 		

（3）第3时段

本时段，同学乙无任务。同学乙等同学甲完成操作后一起进入第4时段任务。

同学甲操作如下：

项　目	内　容	图　解	技术规程	完成确认（甲）
1. 后悬架的检查	第一步：双手按下左后侧车身处，用力往下按，使减振器受压		均匀用力按下，不要用冲击力，防止车身变形	
	第二步：按下后手迅速离开车身，让减振器缓冲直到停止不动，然后往复操作两次		按下后观察车身振动频率是否正常	

续表

项　目	内　容	图　解	技术规程	完成确认（甲）
1. 后悬架的检查	第三步：双手按下右后侧车身处，用力往下按，使减振器受压		身体不要接触车辆	
	第四步：按下后手迅速离开车身，让减振器缓冲直到停止不动，然后往复操作两次	 	按下后观察车身振动频率是否正常	
2. 车辆倾斜度的检查	第一步：检查完减振器后，后退一步。然后在这个位置检查	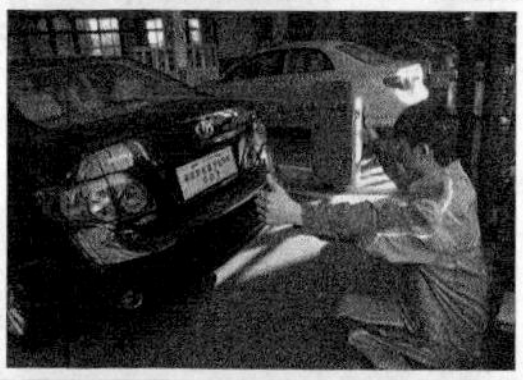	位置要在正中间	
	第二步：单脚蹲下，目视检查车辆是否倾斜		如果倾斜，原因可能是轮胎胎压、左右轮胎或者车轮尺寸偏差，不均匀负荷	
3. 后车灯安装状况检查	第一步：检查左后车灯安装状况。双手放在车灯上面，用手晃动车灯，检查车灯安装是否松动	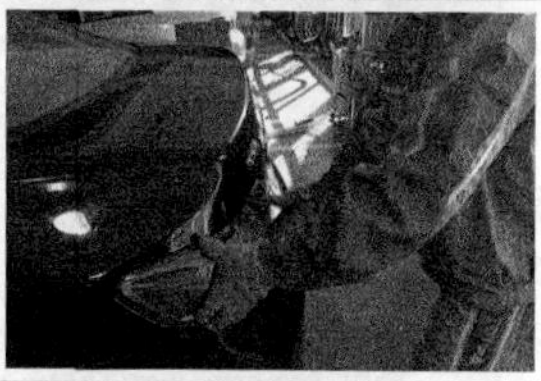	在操作时，稍用力来回晃动两次即可	
	第二步：检查左后车灯是否损坏和有污垢。双手放在车灯上面，通过检查确保灯罩和反光镜不褪色或者损坏。同时，检查灯内是否有污物或者有水进入	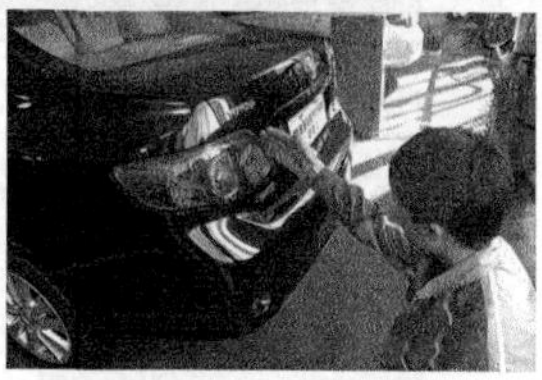	观察要仔细	

续表

项　目	内　容	图　解	技术规程	完成确认（甲）
3. 后车灯安装状况检查	第三步：检查右后车灯安装状况	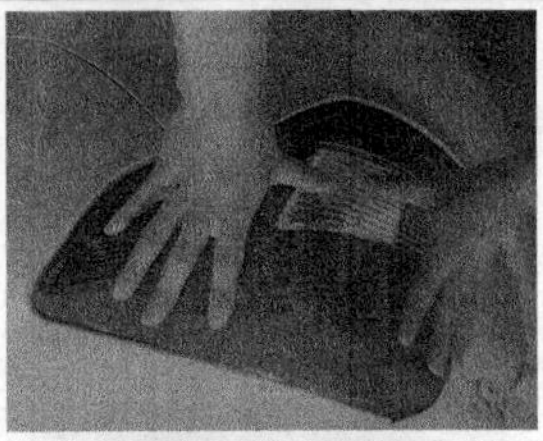	具体操作和左后车灯一样	
	第四步：检查右后车灯是否损坏和有污垢			
4. 前悬架的检查	第一步：双手按下右前侧车身处,用力往下按,使减振器受压		均匀用力按下，不要用冲击力，防止车身变形	
	第二步：按下后手迅速离开车身，让减振器缓冲直到停止不动，然后往复操作两次		按下后观察车身振动频率是否正常	
	第三步：双手按下左前侧车身处,用力往下按,使减振器受压		身体不要接触车辆	
	第四步：按下后手迅速离开车身，让减振器缓冲直到停止不动，然后往复操作两次		按下后观察车身振动频率是否正常	
5. 车辆倾斜度的检查	第一步：检查完减振器后，后退一步。然后在这个位置检查		退后一步时注意后方有无障碍物或者人	
	第二步：单脚蹲下，目视检查车辆是否倾斜		如果倾斜，原因可能是轮胎胎压、左右轮胎或者车轮尺寸偏差，不均匀负荷	

（4）第4时段

1）同学乙操作如下：

项　目	内　容	图　解	技术规程	完成确认（乙）
1. 座椅安全带的螺栓、螺母是否松动的检查	第一步：打开左前车门，双手拉住安全带，左手拿住安全带插扣，右手拿住安全带上沿。然后用力拉，此时应该会停住，如不会则锁止失效	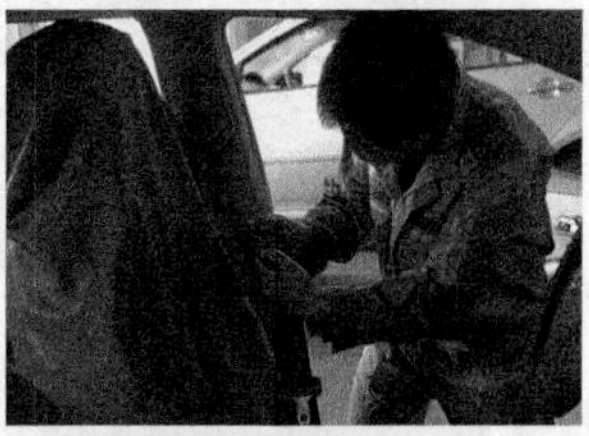	力度要适当	
	第二步：将安全带拉出来，同时左手将插扣插入插座上面固定。然后用力拉动安全带检查其安装是否牢固			
	第三步：拉动安全带检查其是否牢固，然后用手按住安全带调节器的按钮	 	调节器用于调节安全带的位置，针对调节器的每个挡位进行检查	
	第四步：按下按钮后，往下拉动安全带调节器，观察能否调节，再把它归到原位		力度要适当	
	第五步：将安全带从插座中拔出来，放回初始位置	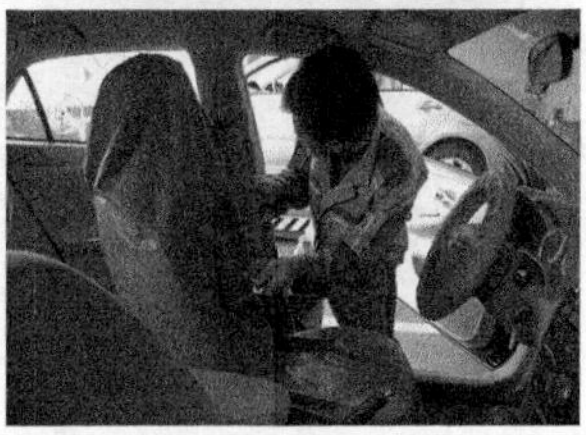	拔出来时观察安全带是否自由地回缩到原位	

续表

项　目	内　容	图　解	技术规程	完成确认（乙）
2. 座椅的螺栓、螺母是否松动的检查	第一步：左手拉住座椅的下沿，右手按住座椅的上沿		力度适中	
	第二步：移动座椅，检查座椅下方的安装螺栓是否松动		拉座椅时先拉座椅下面的调节拉杆，然后前后反复移动座椅。在移动过程中感觉有无松动情况	
3. 左前车门的螺栓和螺母是否松动（含铰链）的检查	第一步：左手放在车门上面，右手放在车门下面，然后上下轻轻摇动车门，检查车身螺栓和螺母是否安全牢固		力度适中	
	第二步：摇好车门后再去检查车门与车身之间连接处的铰链是否良好		仔细观察	
	第三步：关闭车门	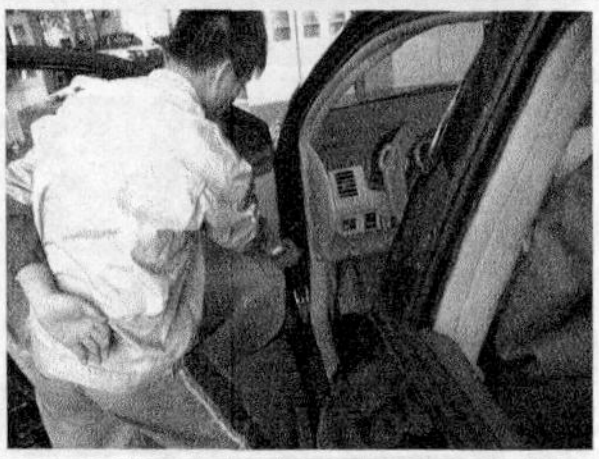	安全带、车门螺栓、座椅螺栓的检查都以左前车门为例	
4. 油箱盖的检查	第一步：先用手摸油箱盖的外表面，检查其表面是否有变形和损坏		检查要仔细	

续表

项　目	内　容	图　解	技术规程	完成确认（乙）
4. 油箱盖的检查	第二步：用手摸油箱盖的内表面，检查是否有变形和损坏	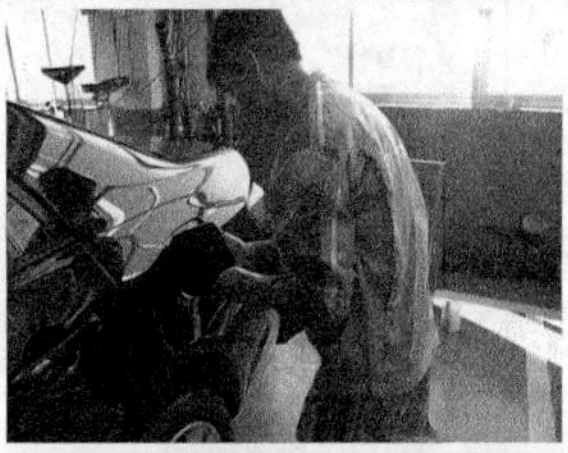	检查要仔细	
	第三步：用手旋开油箱盖，检查垫片是否有变形和损坏。检查真空阀是否锈蚀或者黏住	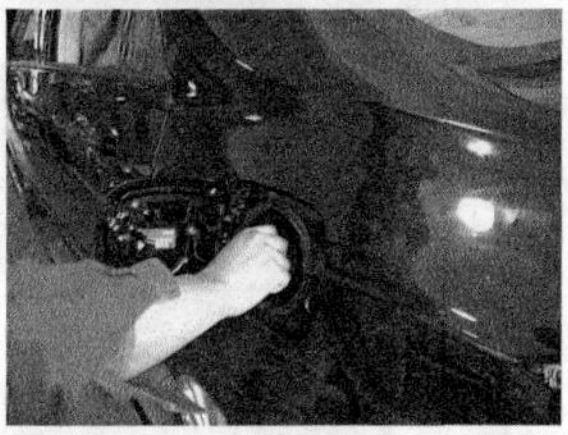	动作力度适中	
5. 油箱盖连接状况及转矩限制器工作情况的检查	第一步：检查确保油箱盖能够正确拧紧，检查其橡胶连接线完好	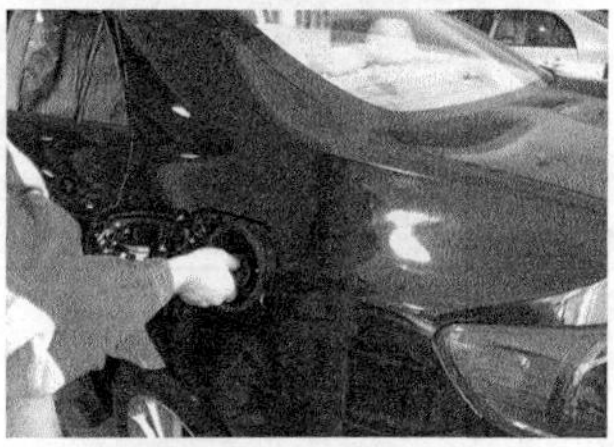	听到两声或三声“咔哒”声时可以停止操作	
	第二步：安装油箱盖。进一步拧紧油箱盖，确保油箱盖发出“咔哒”声，而且能够自由转动			
	第三步：关闭油箱盖	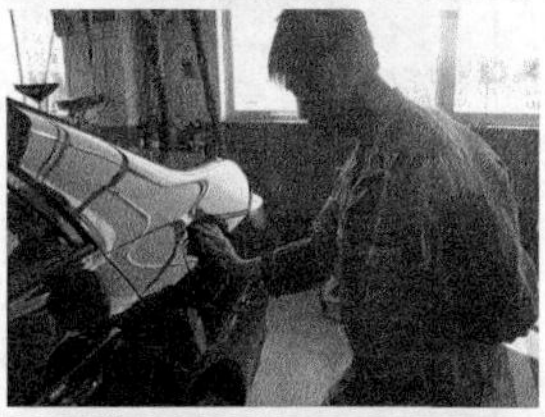	关闭后用抹布擦一下油箱盖，保持洁净	
6. 拆除尾气管	第一步：同学乙在排气管后方蹲下，双手拉住尾气管向外拉，把尾气管从车的排气管内拔出		注意双手握住位置	
	第二步：将尾气管拆下后，吊到吊钩上面		拿稳，不能掉落	

续表

项　目	内　容	图　解	技术规程	完成确认（乙）
7. 举升前准备	第一步：走到汽车前方，等待同学甲举升汽车，并观察周围是否安全。如果安全，通知同学甲允许举升		如果有人，请及时提醒	
	第二步：当举升机举升垫块快到车身底盘时，同学乙和同学甲确定垫块位置是否正确	 	同学乙确定的是左侧垫块。位置确认正确后起身站起报告位置正确，同学甲继续举升，同学乙回到车前方继续观察是否安全举升	
	第三步：当同学甲举升汽车离地面 20cm 时（即为顶起位置 2），同学乙上前晃动汽车中间部位，确保汽车位置正确，并确定汽车车身无倾斜、无摆动等。然后归位继续观察汽车举升，直到举升汽车到高位（顶起位置 3 排放位置）		在举升过程中，同学乙注意有其他人进入工作举升区域时应及时通知	

2）同学甲操作如下：

项　目	内　容	图　解	技术规程	完成确认（甲）
1. 前车灯安装状况的检查	第一步：右前车灯安装状况。双手放在车灯上面，用手晃动车灯，检查车灯安装是否松动		在操作时，稍用力来回晃动两次即可	

续表

项　目	内　容	图　解	技术规程	完成确认（甲）
1. 前车灯安装状况的检查	第二步：检查右前车灯是否损坏和有污垢。双手放在车灯上面，通过检查确保灯罩和反光镜不褪色或者损坏。同时，检查灯内是否有污物或者有水进入		观察要仔细	
	第三步：检查左前车灯安装状况	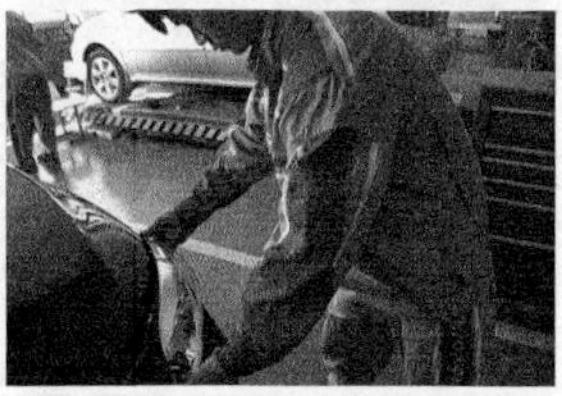	基本操作和右前车灯一样	
	第四步：检查左前车灯是否损坏和有污垢		具体操作和右前车灯一样	
2. 发动机舱盖的检查	第一步：双手打开发动机舱盖		位置要找准	
	第二步：将发动机舱盖打开后保持 45° 左右，然后用手用力向上向下垂直摇动发动机舱盖，检查螺母和螺栓是否有松动现象	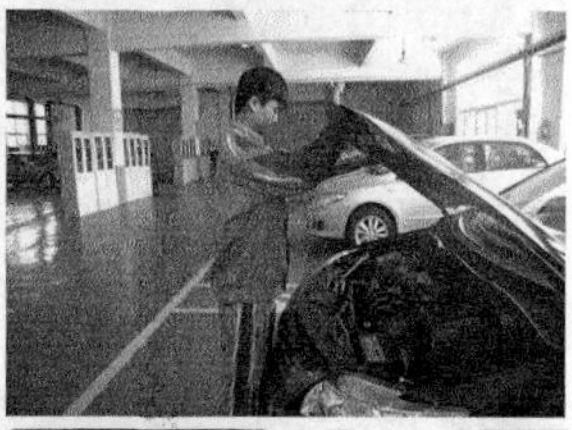 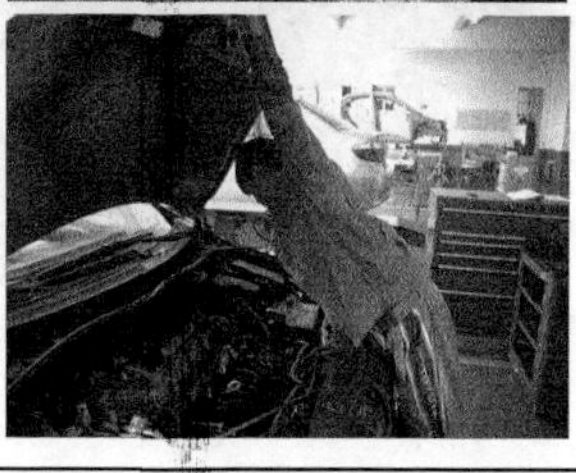	双手不能离开舱盖	

续表

项 目	内 容	图 解	技术规程	完成确认（甲）
3. 安装翼子板布和前格栅布	同任务 1 预检工作中的操作	     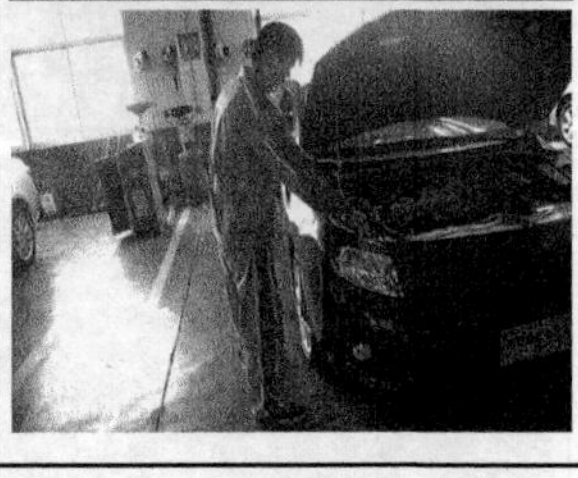	翼子板布和前格栅布操作参考任务 1 预检工作中的操作	

续表

项　目	内　容	图　解	技术规程	完成确认（甲）
4. 拆卸机油加注口盖	第一步：将发动机机油加注口盖打开，用一只手把机油加注口盖旋出来，如果太紧可以裹上布进行旋拧		打开盖子是为排放机油做好准备，有空气进入可以增加机油排放速度	
	第二步：拆下盖，将其放到工具车上	 	可以拿块较薄的布，放到机油口处，防止异物进入发动机内	
5. 准备举升汽车	第一步：同学甲控制举升机，举升到举升垫块快到车身底盘时停下，同学甲走车身右侧，检查垫块位置。位置正确，则站起报告位置正确，并继续举升	 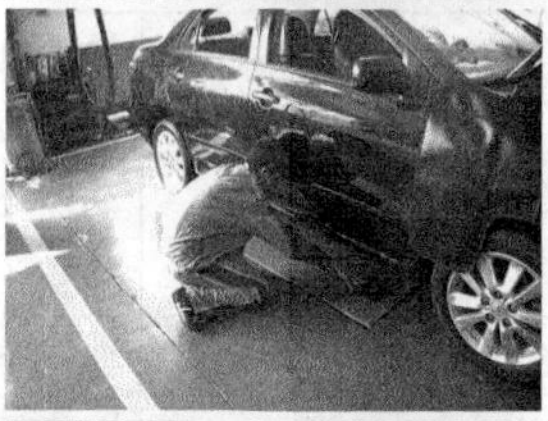 	当同学乙拆下排气管时进行以下操作	
	第二步：将汽车举升至离地面 20cm 时（即举升位置 2）停止，走到车后晃动汽车，确认其安全，无摆动，位置正确，继续举升		力度适中	

续表

项　目	内　容	图　解	技术规程	完成确认（甲）
5. 准备举升汽车	第三步：举升至顶起位置 3（发动机排放机油位置）停止		如果有人请提示	
6. 移除车轮挡块	蹲下将挡块移除		此操作勿遗忘	

3.考核评价

顶起位置 1——车辆前后部、车门及油箱盖检查考核评价表

时间：15min；满分：26 分

评　分			考核项目	评分标准
			顶起位置 1，2 检查	
			（1）安装举升垫块	位置不对，操作不对扣 1 分
			（2）门控灯工作情况检查	动作不规范，操作错误扣 1 分
			（3）座椅安全带螺栓和螺母检查	动作不规范，忘做项目扣 1 分
			（4）车门螺栓螺母检查	动作不规范，忘做项目扣 1 分
			（5）油箱盖检查	是否变形，连接情况，转矩限制器每项 1 分，共 3 分
			（6）拆除尾气管	动作不标准，未复位扣 1 分
			（7）举升前准备	检查不规范，不准确扣 1 分
			（8）减振器检查	动作不标准，操作错误每个扣 1 分，共 4 分
			（9）倾斜度检查	操作错误，姿势错误扣 1 分
			（10）车灯安装	安装不牢固，有污垢，每个扣 1 分，共 4 分
			（11）发动机舱盖检查	动作不规范，检查不正确，扣 1 分
			（12）安装翼子板布	动作不规范，安装不正确，扣 1 分
			（13）安装前格栅布	动作不正确，安装不可靠，扣 1 分
			（14）安装翼子板布（另一侧）	动作不规范，安装不正确，扣 1 分
			（15）机油盖	操作不规范，扣 1 分
			（16）是否拆除车轮挡块	忘记操作扣 1 分

任务4

顶起位置3——车辆底部检查

任务描述

本任务是同学乙在同学甲的配合下，在顶起位置3（举升机将汽车举升到高位——距离操作人员头顶10cm处）进行的维护作业。

通过对本任务的学习，学生应在相关知识、操作技能、行为习惯、职业素养等方面达到以下相关要求。

序号	内容（相关知识、操作技能、行为习惯、职业素养）	评价标准			
		了解知道	理解掌握	示范操作	独立操作
1	安全、规范地工作				√
2	爱护实训车辆				√
3	工作、学习环境整洁有序				√
4	顶起位置3操作的重要性	√			
5	顶起位置3任务的操作流程和方法		√		
6	发动机机油排放的操作		√	√	
7	汽车高位各个任务的操作，并能够在规定时间完成			√	√
8	团队配合，两位同学能够相互配合并能完成各自的操作			√	√

知识准备 ZHISHIZHUNBEI

1. 检查内容

1）发动机机油（配合表面、油封、排放塞的漏油检查，放油）。

2）驱动轴护套（内外侧裂纹、损坏、润滑脂泄漏等）。

3）制动管路（泄漏、压痕、损坏、扭曲、裂纹、安装状况）。

4）悬架（减振器、螺旋弹簧、万向节等）。

5）排气管（消声器、吊耳、密封垫等）。

6）底盘螺母螺栓。

7）发动机机油排放塞，机油滤清器更换，以及举升机操作等。

8）动力转向液。

本任务是在任务3之后进行的作业，主要对车辆底盘的项目进行检查。

2. 技术标准

1）检查驱动轴护套的时候需要将车轮转向一侧，并且转动车轮。

2）在检测底盘操作时需要戴手套，尤其检查排气管时，必须戴手套。

3）制动器管道和软管安装状况检查时，要将车轮转向一侧，并且转动车轮。

4）横梁车身——标准转矩为113N·m。

5）托臂和后桥车身——标准转矩为85N·m。

任务实施 RENWUSHISHI

1. 任务准备

1）工作场景：理实一体化教室。

2）主要设备：实训车辆1台，举升机1台，常用工具1套。

3）辅助材料：机油收集器。

2. 实施步骤

本任务共1个时段。甲、乙同学在该时段内的操作为同步操作。

（1）同学乙操作

项　目	内　容	图　解	技术规程	完成确认（乙）
1. 清洁、准备工具	清洁用过的工具，准备需要用的工具		按照准备工具图标准备	
2. 发动机配合表面是否泄漏的检查	用双手去触摸发动机的各个部位的配合表面，检查是否有泄漏现象		如果有泄漏，可以用纱布把漏油表面擦干净，然后过一段时间继续检查是否泄漏	

续表

项　目	内　容	图　解	技术规程	完成确认（乙）
3. 油封是否泄漏	用双手去触摸油封处，检查是否有泄漏现象		如果有泄漏，可以用纱布把漏油表面擦干净，然后过一段时间继续检查是否泄漏	
4. 排放塞是否泄漏机油	用双手去触摸排放塞处，检查是否有泄漏现象			
5. 传动带检查	第一步：用手摸、用眼看传动带，检查传动带的整个外围是否有变形		如果光线较差，可以使用手电筒	
	第二步：用手摸、用眼看传动带，检查传动带的整个外围是否有磨损、裂纹、层离或者其他损坏			
	第三步：检查传动带安装状况，确保正确地安装在传动带轮槽内	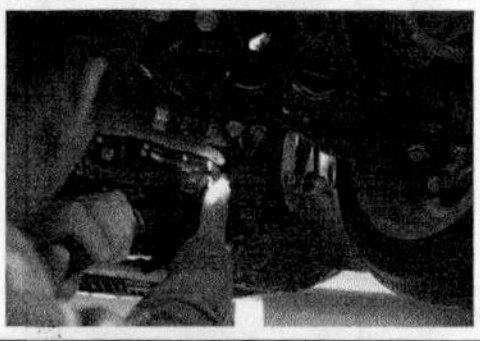		
	第四步：传动带的张力检查，通过手指按压传动带检查松紧程度	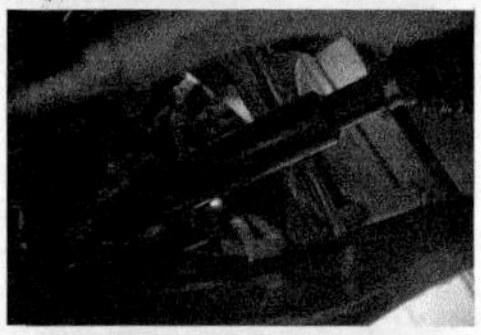	松紧度要适中	
6. 排放发动机机油	第一步：用双手推动同学甲已经放置好的机油收集器，准备将放油筒推到车辆下面		同学甲将机油收集器放在车辆前部，便于同学乙拿取	
	第二步：将机油收集器推到发动机油底壳的正下方		收集器位置要稍偏后面一点，防止刚放油时压力过大，流到器皿外	

续表

项　目	内　容	图　解	技术规程	完成确认（乙）
6. 排放发动机机油	第三步：从工具车中拿来一把梅花扳手（规格 14），然后拧松排放塞螺塞		拧松时必须一次性均匀用力拧松，不能用冲击力	
	第四步：当拧完排放螺塞后，将梅花扳手清洗后放回工具车中		防止工具掉落在地上	
	第五步：一手拿布，一手去旋出排放螺塞	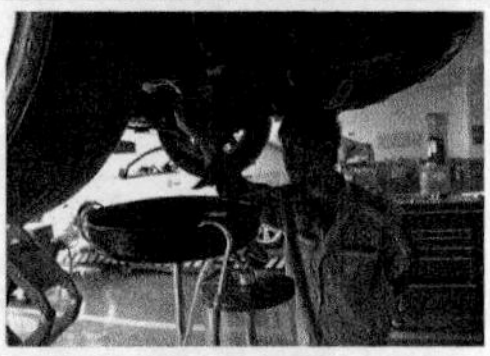 	快旋出螺塞时，用手用力顶住，然后快速从油底壳中抽出螺塞。如果在操作中手碰到机油，必须马上用布擦干净	
	第六步：拿下排放螺塞后，检查排放塞垫片是否也被取下		如没有取下，放油后，用螺钉旋具轻轻将其取下	
	第七步：当取下排放螺塞和垫片后，用布将其擦干净，然后将其放在工具车上		防止其掉落在地上	
7. 拆卸机油滤清器	第一步：将机油收集器移动到机油滤清器正下方		主要防止机油滴落在地面上	
	第二步：从工具车上拿来机油滤清器扳手，然后套在机油滤清器上面。将机油滤清器旋松		旋松时注意方向。旋松时不要一次性用很大的力，要均匀用力，以免造成机油滤清器的损坏	

续表

项 目	内 容	图 解	技术规程	完成确认（乙）
7. 拆卸机油滤清器	第三步：将刚才用的机油滤清器扳手放在工具车上，然后一手拿一块纱布，另一手则去旋机油滤清器		机油滤清器旋出来的时候，要注意机油尽量不要滴在手上，如果滴在手上，必须立刻擦干净	
	第四步：机油滤清器旋出来后，马上将其倒置，将机油滤清器的机油倒干净		在操作时也可以将其放在机油收集器上倒油	
8. 托臂和后桥车身螺栓	第一步：从工具车上拆除长接杆，直接装上 17 号套筒，走到托臂后桥车身右侧，然后右手握住扭力扳手手柄，左手握住接杆连接处，将套筒套进螺栓，然后右手慢慢用力旋紧，当听到“咔”一声时就可以停止操作。如果此时没有松动，则正常；如果松动，则将其紧固。最后退出套筒，不要太快，防止套筒脱落		此部分操作是为了给同学甲检查提供空间，之后再完成滤清器的安装，以及排放塞的安装。 1）螺栓类型：2×17（数量 × 大小）。 2）使用工具：扭力扳手，17 号套筒。 3）标准值：85N·m	
	第二步：同学乙走到托臂后桥车身左侧，然后右手握住扭力扳手手柄，左手握接杆连接处，将套筒套进螺栓，然后右手慢慢用力拧紧，当听到“咔”一声时停止操作。如果此时没有松动，则正常；如果松动，则将其紧固。最后退出套筒，不要太快，防止套筒脱落		1）螺栓类型：2×17（数量 × 大小）。 2）使用工具：扭力扳手，17 号套筒。 3）标准值：85N·m	
9. 准备机油及新的机油滤清器	第一步：从工具车中拿出一个预先准备好的新的机油滤清器		此部分操作主要是为同学甲提供空间，让其进行检查操作	
	第二步：从工具车上拿出一桶机油		小心机油滴落	

续表

项　目	内　容	图　解	技术规程	完成确认（乙）
10. 横梁车身	第一步：同学乙走到工具车处，装上 19 号套筒长接杆，然后锁止，准备检查下面的螺母和螺栓		观察到同学甲已经离开汽车前部到后面操作，再去操作此项目，避免两人碰撞	
	第二步：拿着扭力扳手走到右下角横梁车身处，然后左手握住扭力扳手手柄，右手握接杆连接处，将套筒套进螺栓，然后左手慢慢用力旋紧，当听到“咔”的一声时停止操作。如果此时没有松动，则正常；如果松动，则将其紧固。最后退出套筒，不要太快，防止套筒脱落		各种扳手的用力方向一定要朝向操作人员，以免受伤。螺栓类型：4×19（数量 × 大小）	
	第三步：拿着扭力扳手走到右上角横梁车身处，然后左手握住扭力扳手手柄，右手握接杆连接处，将套筒套进螺栓，然后左手慢慢用力旋紧，当听到“咔”的一声时停止操作。如果此时没有松动，则正常；如果松动，则将其紧固。最后退出套筒，不要太快，防止套筒脱落			
	第四步：拿着扭力扳手走到左上角横梁车身处，然后左手握住扭力扳手手柄，右手握接杆连接处，将套筒套进螺栓，然后左手慢慢用力旋紧，当听到“咔”的一声时停止操作。如果此时没有松动，则正常；如果松动，则将其紧固。最后退出套筒，不要太快，防止套筒脱落	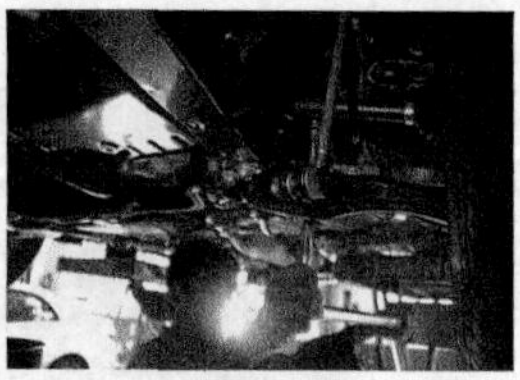		

续表

项 目	内 容	图 解	技术规程	完成确认（乙）
10. 横梁车身	第五步：拿着扭力扳手走到左下角横梁车身处，然后左手握住扭力扳手手柄，右手握接杆连接处，将套筒套进螺栓，然后左手慢慢用力旋紧，当听到"咔"的一声时停止操作。如果此时没有松动，则正常；如果松动，则将其紧固。最后退出套筒，不要太快，防止套筒脱落		螺栓类型：4×19（数量 × 大小） 1）使用工具：扭力扳手，长接杆，19号套筒。 2）标准值：113N·m	
11. 安装机油滤清器	第一步：将机油桶的盖子打开，用手指沾一点机油，再把机油均匀地涂抹在机油滤清器表面的O形圈上		在涂机油时一定要均匀，涂好后马上用布擦干净	
	第二步：将机油滤清器放在工具车上，然后归位机油桶		防止机油桶掉落地面	
	第三步：从工具车上拿一块纱布先清洁一下将要安装的机油滤清器表面		操作时手不要沾到机油，如果碰到立刻清洗	
	第四步：用一只手将其安装上去，并旋紧	 	安装时另一只手要拿着纱布随时准备清洁	

续表

项　目	内　容	图　解	技术规程	完成确认（乙）
11. 安装机油滤清器	第五步：从工具车上取来机油滤清器专用扳手，然后套在机油滤清器上面，旋紧 3/4 圈		操作时必须严格按照操作步骤	
12. 发动机机油排放塞	第一步：更换排放塞垫片，将刚才拆下的排放塞垫片更换一个新的垫片，然后用纱布清洁一下	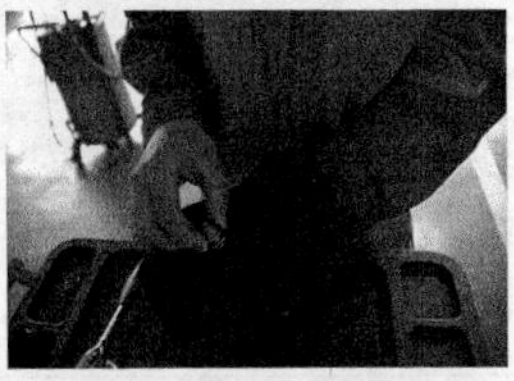	此步骤切勿忘记	
	第二步：将排放塞安装在排放塞孔上，然后用手旋紧，再用纱布擦一下表面		操作时手不要沾到机油，如果碰到立刻清洗	
	第三步：从工具车上拿起一把扭力扳手，将其调到规定力矩，装上 14 号套筒。用扭力扳手把排放塞螺栓紧固到规定力矩		标准值：39 N · m	
13. 清理	清理工具，配合同学甲进行降车操作，下降至顶起位置 4（车轮在胸前位置）		更好地完成 7S 管理	

（2）同学甲操作

项　目	内　容	图　解	技术规程	完成确认（甲）
1. 清洁及操作准备	第一步：举升结束后，收起车轮挡块，用拖把清洁场地		要认真清洁，消除安全隐患	

续表

项　目		内　容	图　解	技术规程	完成确认（甲）
1. 清洁及操作准备		第二步：准备机油收集器。同学甲走到放置收集器的地方，从后面推到车辆的正前方		只能推不能拉	
		第三步：先旋松收集器的锁止螺母，再将其升到最高位置，然后旋紧锁止螺母		动作要标准	
		第四步：打开进油阀，以便油能够流到收集器里面		正规使用机油收集器	
		第五步：打开空气阀，关闭出油阀	 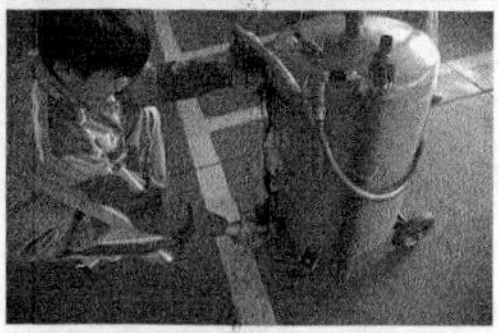		
2. 底盘左前部检查	（1）驱动轴护套	第一步：将左侧前轮转向向外一侧，然后用双手检查左侧驱动轴护套整个外围是否有任何裂纹或者其他损坏，润滑脂是否泄漏	 	如果泄漏立刻用纱布擦干净，然后过一段时间再来检查是否泄漏	
		第二步：同学甲用手检查左侧驱动轴内侧护套是否有裂纹或者其他损坏，润滑脂是否泄漏		如果光线不好可以使用手电筒	

续表

项　目		内　容	图　解	技术规程	完成确认（甲）
2. 底盘左前部检查	（2）制动管路	第一步：检查是否有泄漏。用双手去摸制动管路并检查制动管路连接部分是否有液体泄漏		如果泄漏，立刻用纱布擦干净，然后过一段时间再来检查是否泄漏	
		第二步：检查制动管路上的压痕或其他损坏。用双手去摸制动管路并检查制动管路是否有凹痕或者其他损坏	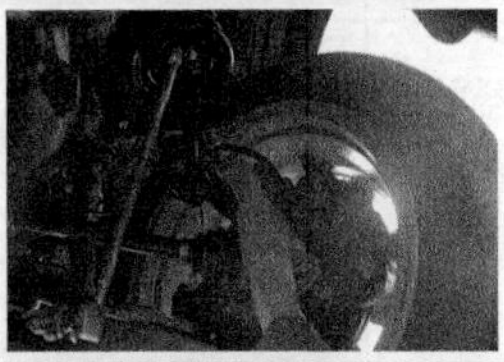	如果光线不好可以使用手电筒	
		第三步：检查制动软管扭曲、裂纹和凸起。用双手去摸制动管路并检查制动管路是否有扭曲、裂纹和凸起			
		第四步：用手转动轮胎直到转向盘被完全转向一侧		先向外再向内转动轮胎	
		第五步：检查制动管路和软管，确保车辆运动时，或者转向盘完全转动到任何一侧时，不会因为振动而与车轮或者车身接触，如果有接触，必须进行修理	 	如果磨损，在行车中有危险隐患	
	（3）悬架	第一步：检查减振器是否有损坏和泄漏。用双手去摸减振器并检查减振器是否有裂纹、凹痕、弯曲、变形之类的损坏，以及是否有机油泄漏		如果泄漏，立刻用纱布擦干净，然后过一段时间再来检查是否漏油	
		第二步：检查减振器螺旋弹簧是否损坏。用双手去摸减振器螺旋弹簧，检查是否有裂纹、凹痕、弯曲、变形之类的损坏		如果光线不好可以使用手电筒	

续表

项目		内容	图解	技术规程	完成确认（甲）
2. 底盘左前部检查	（3）悬架	第三步：检查万向节是否损坏。用双手去摸万向节，检查是否有裂纹、凹痕、弯曲、变形之类的损坏		如果光线不好可以使用手电筒	
		第四步：检查下臂是否有损坏。用双手去摸下臂并检查是否有裂纹、凹痕、弯曲、变形之类的损坏	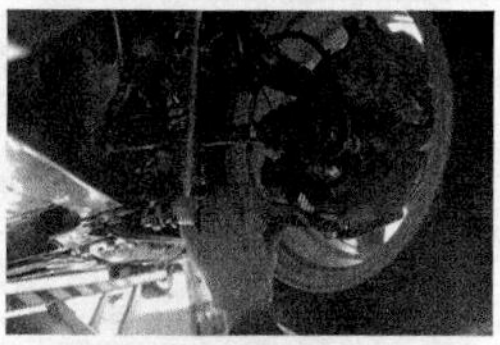		
		第五步：检查稳定杆有无损坏。用双手去摸稳定杆，检查是否有裂纹、凹痕、弯曲、变形之类的损坏	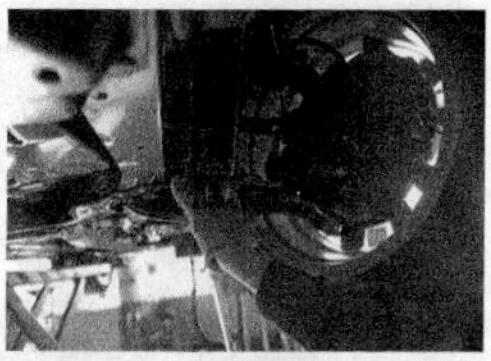		
	（4）转向连接机构	第一步：用手握住转向连接机构，然后上下左右摇晃，检查转向连接机构是否松动或者摆动		用力不要过大，摇晃两次即可	
		第二步：用手摸、用眼看检查转向连接机构是否有弯曲或者损坏	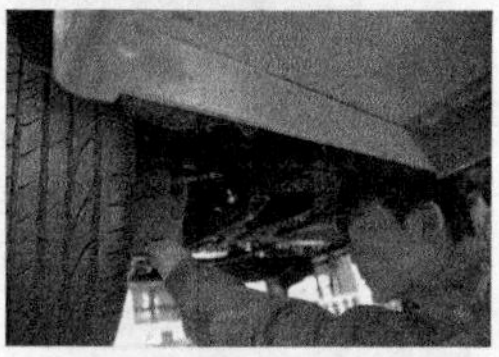	观察要仔细	
		第三步：检查防尘套是否开裂或破损。用手摸、用眼看检查防尘套是否有裂纹或者破损		调整好后，放在车前方，便于同学乙拿取	
3. 底盘右前部检查	（1）驱动轴护套	第一步：将右侧前轮转向向外一侧，然后用双手检查右侧驱动轴护套整个外围是否有任何裂纹或者其他损坏，润滑脂是否有泄漏		如果泄漏，立刻用纱布擦干净，然后过一段时间再来检查是否泄漏	

续表

项目		内容	图解	技术规程	完成确认（甲）
3. 底盘右前部检查	（1）驱动轴护套	第二步：同学甲用手检查右侧驱动轴内侧护套是否有裂纹或者其他损坏，润滑脂是否有泄漏	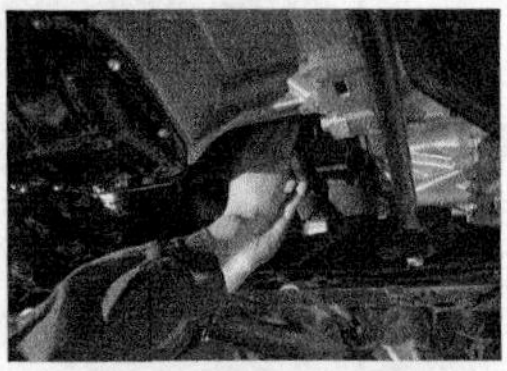	如果泄漏，立刻用纱布擦干净，然后过一段时间再来检查是否泄漏	
	（2）制动管路	第一步：检查是否有泄漏。用双手去摸制动管路并检查制动管路连接部分是否有液体泄漏	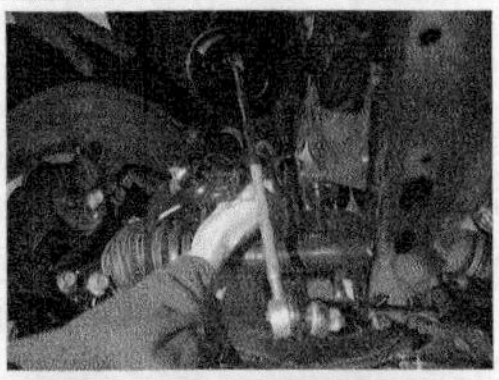		
		第二步：检查制动管路上的压痕或其他损坏。用双手去摸制动管路并检查制动管路是否有凹痕或者其他损坏		光线不好可以使用手电筒	
		第三步：检查制动软管扭曲、裂纹和凸起情况。用双手去摸制动管路并检查制动管路是否有扭曲、裂纹和凸起的情况			
		第四步：用手转动轮胎直到转向盘被完全转向一侧		先向外再向内转动轮胎	
		第五步：检查制动管路和软管，确保车辆运动时，或者转向盘完全转动到任何一侧时，不会因为振动而与车轮或者车身接触，如果有接触，必须进行修理	 	如果接触会出现安全隐患	

续表

项 目		内 容	图 解	技术规程	完成确认（甲）
3. 底盘右前部检查	（3）悬架	第一步：检查减振器是否有损坏和泄漏。用双手去摸减振器并检查减振器是否有裂纹、凹痕、弯曲、变形之类的损坏，以及是否有机油泄漏		如果泄漏，立刻用纱布擦干净，然后过一段时间再来检查是否漏油	
		第二步：检查减振器螺旋弹簧是否损坏。用双手去摸减震器螺旋弹簧，检查是否有裂纹、凹痕、弯曲、变形之类的损坏	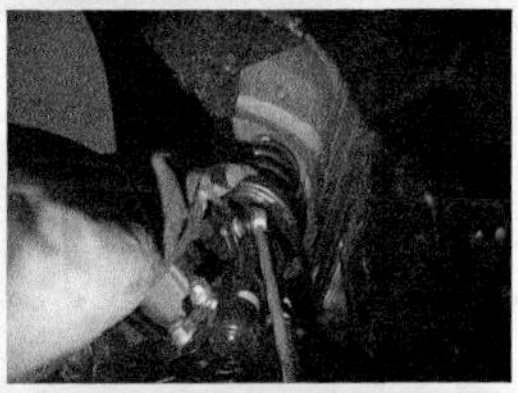	光线不好可以使用手电筒	
		第三步：检查万向节是否损坏。用双手去摸万向节，检查是否有裂纹、凹痕、弯曲、变形之类的损坏			
		第四步：检查下臂是否有损坏。用双手去摸下臂并检查是否有裂纹、凹痕、弯曲、变形之类的损坏			
		第五步：检查稳定杆有无损坏。用双手去摸稳定杆，检查是否有裂纹、凹痕、弯曲、变形之类的损坏	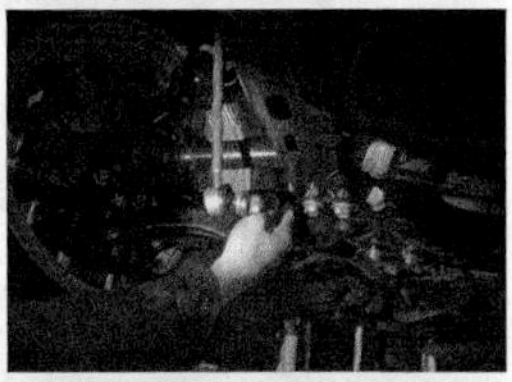		
	（4）转向连接机构	第一步：用手握住转向连接机构，然后上下左右摇晃，检查转向连接机构是否松动或者摆动		用力不要过大，摇晃两次即可	
		第二步：用手摸、用眼看检查转向连接机构是否有弯曲或者损坏		光线不好可以使用手电筒	

续表

<table>
<tr><th colspan="2">项　目</th><th>内　容</th><th>图　解</th><th>技术规程</th><th>完成确认（甲）</th></tr>
<tr><td>3. 底盘右前部检查</td><td>（4）转向连接机构</td><td>第三步：检查防尘套是否开裂或破损。用手摸、用眼看检查防尘套是否有裂纹或者破损</td><td> </td><td>光线不好可以使用手电筒</td><td></td></tr>
<tr><td colspan="2" rowspan="3">4. 燃油管路是否泄漏和损坏</td><td>第一步：同学甲摸着燃油管最前端一直向后走检查是否有泄漏和损坏</td><td> 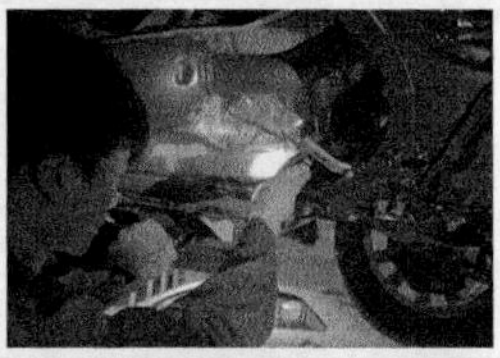</td><td rowspan="3">如果泄漏，立刻用纱布擦干净，然后过一段时间再来检查是否泄漏</td><td></td></tr>
<tr><td>第二步：同学甲走到燃油箱处，检查燃油箱是否有泄漏和损坏</td><td> </td><td></td></tr>
<tr><td>第三步：同学甲一直检查到汽车后部，检查燃油管路是否有泄漏和损坏</td><td> 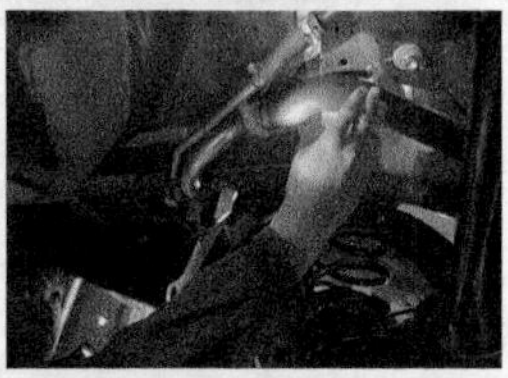</td><td></td></tr>
<tr><td rowspan="3">5. 底盘左后部检查</td><td rowspan="3">（1）制动管路</td><td>第一步：检查是否有泄漏。用双手去摸制动管路并检查制动管路连接部分是否有液体泄漏</td><td> 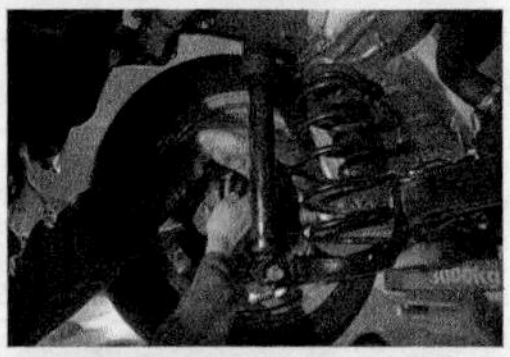</td><td>如果泄漏，立刻用纱布擦干净，然后过一段时间再来检查是否泄漏</td><td></td></tr>
<tr><td>第二步：检查制动管路上的压痕或其他损坏。用双手去摸制动管路并检查制动管路是否有凹痕或者其他损坏</td><td> </td><td rowspan="2">光线不好可以使用手电筒</td><td></td></tr>
<tr><td>第三步：检查制动软管扭曲、裂纹和凸起情况。用双手去摸制动管路并检查制动管路是否有扭曲、裂纹和凸起的情况</td><td> </td><td></td></tr>
</table>

续表

项目		内容	图解	技术规程	完成确认（甲）
5. 底盘左后部检查	（1）制动管路	第四步：用手转动轮胎，检查制动管路和软管，确保车辆运动时，不会因为振动而与车轮或者车身接触，如果有接触则必须进行修理		光线不好可以使用手电筒	
	（2）悬架	第一步：检查减振器是否有损坏和泄漏。用双手去摸减振器并检查减振器是否有裂纹、凹痕、弯曲、变形之类的损坏，以及是否有机油泄漏		如果泄漏，立刻用纱布擦干净，然后过一段时间再来检查是否漏油	
		第二步：检查减振器螺旋弹簧是否损坏。用双手去摸减振器螺旋弹簧，检查是否有裂纹、凹痕、弯曲、变形之类的损坏	 	光线不好可以使用手电筒	
		第三步：检查托臂和后桥是否有损坏。用双手去摸托臂和后桥并检查其是否有裂纹、凹痕、弯曲、变形之类的损坏			
		第四步：检查稳定杆有无损坏。用双手去摸稳定杆，检查其是否有裂纹、凹痕、弯曲、变形之类的损坏			
6. 底盘右后部检查	（1）制动管路	第一步：检查是否有泄漏。用双手去摸制动管路并检查制动管路连接部分是否有液体泄漏	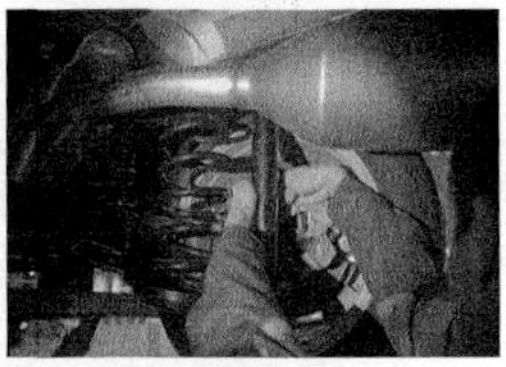	如果泄漏，立刻用纱布擦干净，然后过一段时间再来检查是否泄漏	

续表

项目		内容	图解	技术规程	完成确认（甲）
6.底盘右后部检查	（1）制动管路	第二步：检查制动管路上的压痕或其他损坏。用双手去摸制动管路并检查制动管路是否有凹痕或者其他损坏		光线不好可以使用手电筒	
		第三步：检查制动软管扭曲、裂纹和凸起情况。用双手去摸制动管路并检查制动管路是否有扭曲、裂纹和凸起的情况			
		第四步：用手转动轮胎，检查制动管路和软管，确保车辆运动时，不会因为振动而与车轮或者车身接触，如果有接触必须进行修理		如有接触，容易造成事故隐患	
	（2）悬架	第一步：检查减振器是否有损坏和泄漏。用双手去摸减振器并检查减振器是否有裂纹、凹痕、弯曲、变形之类的损坏，以及是否有机油泄漏		如果泄漏，立刻用纱布擦干净，然后过一段时间再来检查是否漏油	
		第二步：检查减振器螺旋弹簧是否损坏。用双手去摸减振器螺旋弹簧，检查是否有裂纹、凹痕、弯曲、变形之类的损坏		光线不好可以使用手电筒	
		第三步：检查托臂和后桥是否有损坏。用双手去摸托臂和后桥并检查其是否有裂纹、凹痕、弯曲、变形之类的损坏			
		第四步：检查稳定杆有无损坏。用双手去摸稳定杆，检查其是否有裂纹、凹痕、弯曲、变形之类的损坏	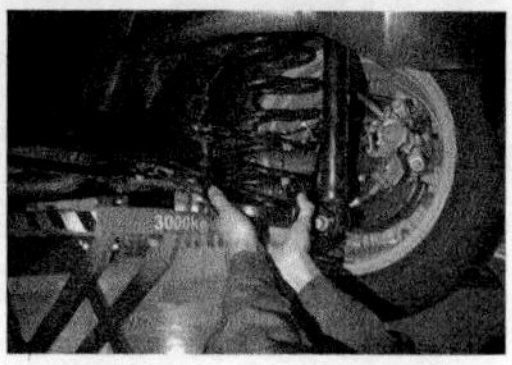		

续表

项 目	内 容	图 解	技术规程	完成确认（甲）
7. 排气管和安装件检查	第一步：从工具车中拿出一副手套，然后戴到手上，同学甲双手摸消声器，检查其是否有损坏和尾气泄漏，并检查最后一个密封垫是否损坏		用眼睛看部件周围是否有炭黑。如果有，说明有泄漏	
	第二步：沿着排气管一直向前走，边走边检查排气管是否有泄漏和损坏	 	光线不好可以使用手电筒	
	第三步：走到最前端排气管检查其是否有泄漏和损坏，并检查前段密封垫是否损坏			
	第四步：检查排气安装件的 O 形圈（吊耳）是否损坏和脱落。 检查最后一个 O 形圈是否损坏和脱落	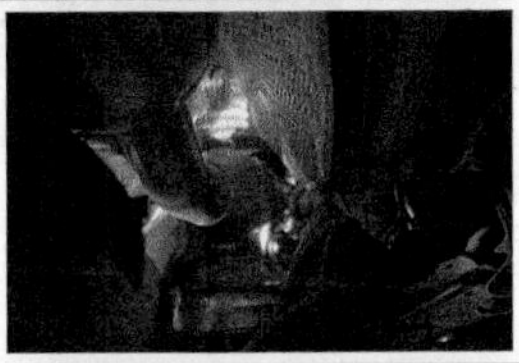	一看吊耳两个扣子有没有脱落，二看吊耳本身有无裂纹和损坏的现象	
	第五步：同学甲向前走一步，检查前面的吊耳是否有损坏和脱落			
	第六步：同学甲走到中间位置，检查中间两个吊耳是否损坏和脱落	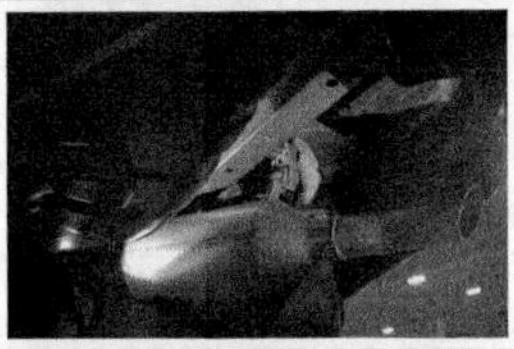		
8. 自动传动桥液检查	第一步：用双手去检查自动桥壳配合面是否有漏油现象		如果有泄漏，立刻用纱布擦干净，然后过一段时间再来检查是否泄漏	

续表

<table>
<tr><th>项　目</th><th>内　容</th><th>图　解</th><th>技术规程</th><th>完成确认（甲）</th></tr>
<tr><td rowspan="4">8. 自动传动桥液检查</td><td>第二步：用手检查拉锁伸出区域是否有漏油现象</td><td> </td><td rowspan="3">如果泄漏，立刻用纱布擦干净，然后过一段时间再来检查是否泄漏</td><td></td></tr>
<tr><td>第三步：用手检查油封是否有漏油现象</td><td> </td><td></td></tr>
<tr><td>第四步：检查排放塞、加注口、连接软管是否有漏油现象</td><td> 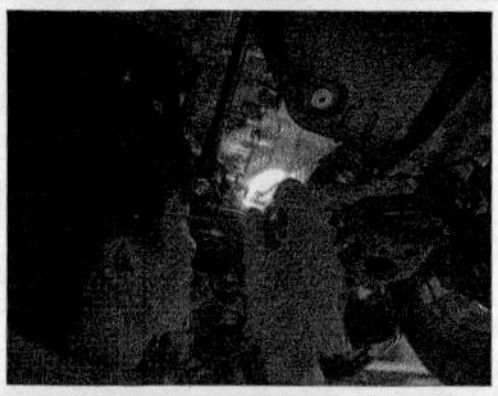</td><td></td></tr>
<tr><td>第五步：下降汽车到顶起位置 4（车轮位置处于驾驶员胸口）</td><td> </td><td>如果操作中有人进入工作区，请提示</td><td></td></tr>
</table>

3.考核评价

顶起位置 3——车辆底部检查考核评价表

时间：15min；满分：18 分

<table>
<tr><th colspan="2">评　分</th><th>考核项目</th><th>评分标准</th></tr>
<tr><td></td><td></td><td colspan="2">（1）底盘</td></tr>
<tr><td></td><td></td><td>1）发动机各部分配合表面</td><td>检查不到位，检查有错误扣 1 分</td></tr>
<tr><td></td><td></td><td>2）油封是否泄漏</td><td>检查不到位，检查有错误扣 1 分</td></tr>
<tr><td></td><td></td><td>3）排放塞是否泄漏</td><td>检查不到位，检查有错误扣 1 分</td></tr>
<tr><td></td><td></td><td>4）排放加油</td><td>操作不标准、不到位，有机油泄漏扣 1 分</td></tr>
<tr><td></td><td></td><td colspan="2">（2）自动传动桥液</td></tr>
<tr><td></td><td></td><td>1）壳配合表面是否泄漏</td><td>检查不到位，检查有错误扣 1 分</td></tr>
<tr><td></td><td></td><td>2）油封是否泄漏</td><td>检查不到位，检查有错误扣 1 分</td></tr>
</table>

续表

评　分		考核项目	评分标准
		3）排放塞和加注口是否泄漏	检查不到位，检查有错误扣 1 分
	左	（3）驱动轴护套（未转扣 1 分）	
		1）裂纹检查（外）	动作规范，操作正确，检查无误，否则扣 1 分
		2）裂纹检查（内）	动作规范，操作正确，检查无误，否则扣 1 分
		3）润滑脂是否有泄漏（外）	动作规范，操作正确，检查无误，否则扣 1 分
		4）润滑脂是否有泄漏（内）	动作规范，操作正确，检查无误，否则扣 1 分
	右	(4) 驱动轴护套（未转扣 1 分）	
		1）裂纹检查（外）	动作规范，操作正确，检查无误，否则扣 1 分
		2）裂纹检查（内）	动作规范，操作正确，检查无误，否则扣 1 分
		3）润滑脂是否有泄漏（外）	动作规范，操作正确，检查无误，否则扣 1 分
		4）润滑脂是否有泄漏（内）	动作规范，操作正确，检查无误，否则扣 1 分
	左前	（5）制动管路	
		1）检查是否泄漏	动作规范，操作正确，检查无误，否则扣 1 分
		2）检查是否有压痕和损坏	动作规范，操作正确，检查无误，否则扣 1 分
		3）软管是否扭曲、有裂纹和凸起	动作规范，操作正确，检查无误，否则扣 1 分
	右前	（6）制动管路	
		1）检查是否泄漏	动作规范，操作正确，检查无误，否则扣 1 分
		2）检查是否有压痕和损坏	动作规范，操作正确，检查无误，否则扣 1 分
		3）软管是否扭曲、有裂纹和凸起	动作规范，操作正确，检查无误，否则扣 1 分
	左后	（7）制动管路	
		1）检查是否泄漏	动作规范，操作正确，检查无误，否则扣 1 分
		2）检查是否有压痕和损坏	动作规范，操作正确，检查无误，否则扣 1 分
		3）软管是否扭曲、有裂纹和凸起	动作规范，操作正确，检查无误，否则扣 1 分
	右后	（8）制动管路	
		1）检查是否泄漏	动作规范，操作正确，检查无误，否则扣 1 分
		2）检查是否有压痕和损坏	动作规范，操作正确，检查无误，否则扣 1 分
		3）软管是否扭曲、有裂纹和凸起	动作规范，操作正确，检查无误，否则扣 1 分
	左前	（9）悬架	
		1）减振器是否损坏	动作规范，操作正确，检查无误，否则扣 1 分
		2）螺旋弹簧是否损坏	动作规范，操作正确，检查无误，否则扣 1 分
		3）减振器是否漏油	动作规范，操作正确，检查无误，否则扣 1 分
		4）万向节是否损坏	动作规范，操作正确，检查无误，否则扣 1 分
		5）下臂是否损坏	动作规范，操作正确，检查无误，否则扣 1 分

续表

评　分		考核项目	评分标准
	右前	（10）悬架	
		1）减振器是否损坏	动作规范，操作正确，检查无误，否则扣 1 分
		2）螺旋弹簧是否损坏	动作规范，操作正确，检查无误，否则扣 1 分
		3）减振器是否漏油	动作规范，操作正确，检查无误，否则扣 1 分
		4）万向节是否损坏	动作规范，操作正确，检查无误，否则扣 1 分
		5）下臂是否损坏	动作规范，操作正确，检查无误，否则扣 1 分
	右后	（11）悬架	
		1）减振器是否损坏	动作规范，操作正确，检查无误，否则扣 1 分
		2）螺旋弹簧是否损坏	动作规范，操作正确，检查无误，否则扣 1 分
		3）减振器是否漏油	动作规范，操作正确，检查无误，否则扣 1 分
		4）托臂和后桥是否损坏	动作规范，操作正确，检查无误，否则扣 1 分
		5）稳定杆是否损坏	动作规范，操作正确，检查无误，否则扣 1 分
	左后	（12）悬架	
		1）减振器是否损坏	动作规范，操作正确，检查无误，否则扣 1 分
		2）螺旋弹簧是否损坏	动作规范，操作正确，检查无误，否则扣 1 分
		3）减振器是否漏油	动作规范，操作正确，检查无误，否则扣 1 分
		4）托臂和后桥是否损坏	动作规范，操作正确，检查无误，否则扣 1 分
		5）稳定杆是否损坏	动作规范，操作正确，检查无误，否则扣 1 分
	左,右	（13）转向连接机构	
		1）有无松动和摇摆，弯曲和损坏	动作规范，操作正确，检查无误，否则扣 1 分
		2）防尘套是否开裂破损	动作规范，操作正确，检查无误，否则扣 1 分
		（14）燃油管路	
		检查是否有泄漏和损坏	动作规范，操作正确，检查无误，否则扣 1 分
		（15）排气管（没戴手套扣 1 分）	
		1）排气管是否损坏	动作规范，操作正确，检查无误，否则扣 1 分
		2）消声器是否损坏	动作规范，操作正确，检查无误，否则扣 1 分
		3）吊耳是否损坏	动作规范，操作正确，检查无误，否则扣 1 分
		4）密封垫片是否损坏	动作规范，操作正确，检查无误，否则扣 1 分
		5）排气管是否有泄漏	动作规范，操作正确，检查无误，否则扣 1 分
		（16）传动带	
		1）是否变形损坏	动作规范，操作正确，检查无误，否则扣 1 分
		2）安装情况	动作规范，操作正确，检查无误，否则扣 1 分
		（17）机油排放塞	
		1）更换垫片	动作规范，操作正确，检查无误，否则扣 1 分
		2）安装排放塞	动作规范，操作正确，检查无误，否则扣 1 分
		3）安装滤清器	动作规范，操作正确，检查无误，否则扣 1 分
		（18）托臂和后桥车身螺栓	动作规范，操作正确，检查无误，否则扣 1 分
		（19）横梁车身螺栓	动作规范，操作正确，检查无误，否则扣 1 分

任务5

顶起位置4——车轮轴承及制动器检查

任务描述

本任务是指同学乙在同学甲的配合下，将汽车举到车轮与人胸口平齐的地方，即顶起位置4。本任务主要讲述盘式制动器的拆装检测。

通过本任务的学习，学生应在相关知识、操作技能、行为习惯、职业素养等方面达到以下相关要求。

序号	内容（相关知识、操作技能、行为习惯、职业素养）	评价标准			
		了解知道	理解掌握	示范操作	独立操作
1	安全、规范地工作				√
2	爱护实训车辆				√
3	工作、学习环境整洁有序				√
4	车轮轴承、盘式制动器检查的重要性	√			
5	车轮轴承、盘式制动器检查的作业流程和操作方法		√		
6	盘式制动器的检查		√	√	
7	团队配合，两位同学能够相互配合并能完成各自的操作				√

知识准备 ZHISHIZHUNBEI

1. 检查内容

车轮轴承（摆动，转动状况、噪声，拆卸车轮）、盘式制动器（摩擦片、转子盘厚度、转子盘跳动量、制动卡钳泄漏）。

本任务是在任务4之后进行的作业，同学乙可以先检查顶灯、喇叭、驻车制动器、转向盘等项目，等待同学甲发出信号，同时配合灯光检查。

2. 技术标准

1）内侧摩擦片厚度：标准值为11mm，极限值为1mm。

2）外侧摩擦片厚度：标准值为11mm，极限值为1mm。
3）转子盘厚度：标准值为25.00mm，极限值为23.00mm。
4）转子盘跳动量标准：≤0.05mm。
5）制动卡钳制动轮缸螺栓标准转矩：34N · m。

1. 任务准备

1）工作场景：理实一体化教室。
2）主要设备：实训车辆1台，举升机1台，常用工具1套。
3）辅助材料：纱布等。

2. 实施步骤

本任务共1个时段，甲、乙同学在该时段内的操作为交叉操作。

项　目	内　容	图　解	技术规程	完成确认（甲、乙）
1. 准备工作	同学甲下降车辆，下降至顶起位置 4 时，将气管从收集器中拉出来，根据需要的长度确定拉出来的长度。同学乙准备风动扳手，放在工具车上，便于拿取		此任务甲、乙同学操作相对比较集中，故同时介绍操作方法	
2. 检查。检查（左前）车轮有无摆动和转动噪声（同学乙完成）	第一步：将一只手放在轮胎左面，另一只手放在轮胎右面，紧紧地推拉轮胎，检查是否有摆动现象		此时同学乙在车轮的正前方	
	第二步：将一只手放在轮胎上面，而另一只手放在轮胎下面，紧紧地推拉轮胎，检查是否有摆动现象		力度要适中	

续表

项　目	内　容	图　解	技术规程	完成确认（甲、乙）
2. 检查。检查（左前）车轮有无摆动和转动噪声（同学乙完成）	第三步：用手转动轮胎，然后用耳朵去听，检查是否有噪声，是否平稳转动		检查完左前车轮，再去检查右前、右后、左后车轮。检查方法、项目相同	
3. 拆卸车轮（同学甲）	第一步：将气管拉到左前车轮处，再从工具车上取来风动扳手，安装，同时把 21 号风动套筒装上。然后选择好适当的挡位与旋转方向，试打风动扳手，检查旋向是否正确		一定按照对角线顺序	
	第二步：将风动扳手放入左侧螺栓空中，按下风动扳手，先打松轮胎螺母，但不要打出来		在操作过程中不能让风动套筒与轮胎钢圈接触，否则会破坏轮胎钢圈	
	第三步：将风动扳手放入右侧螺栓空中，按下风动扳手，先打松轮胎螺母，但不要打出来			
	第四步：将风动扳手放入左下侧螺栓空中，按下风动扳手，先打松轮胎螺母，但不要打出来			
	第五步：将风动扳手放入上侧螺栓空中，按下风动扳手，先打松轮胎螺母，但不要打出来			

续表

项 目	内 容	图 解	技术规程	完成确认（甲、乙）
3. 拆卸车轮（同学甲）	第六步：再按照同样的顺序一个个地将轮胎螺母打下来拿在手中		同学乙检查四个轮子无摆动后，过来扶住轮胎，取下轮胎，放在轮胎架上	
	第七步：将轮胎螺母按顺序摆放，然后将风动扳手放在工具车上		螺栓不要掉落地上	
4. 拆卸盘式制动器	第一步：同学甲从工具车上拿来 17 号和 14 号开口梅花扳手各一把，准备拆卸		在拆卸左前轮时，左手拿 14 号扳手，右手拿 17 号扳手。对于右前轮则相反	
	第二步：同学甲用 17 号开口扳手先放在里面一个 17mm 的螺栓中，再用 14 号梅花扳手放在外侧的制动卡钳制动轮缸螺栓中。然后，双手用力将制动卡钳制动轮缸螺栓旋松		操作中注意不要用力过猛，防止手撞到车身护板	
	第三步：同学甲将工具放到工具车中，右手按住制动轮缸，左手将制动卡钳制动轮缸螺栓旋出来，放在工具车上		力度要适中	
	第四步：同学甲从工具车上拿出一条钢丝钩，将一端挂在螺旋弹簧上面，另一端钩住制动轮缸一端		不要使制动管路弯曲或者扭曲。同时检查制动缸有无泄漏现象	

续表

项　目	内　容	图　解	技术规程	完成确认（甲、乙）
4. 拆卸盘式制动器	第五步：同学甲拆卸摩擦片，并分解摩擦片上面的消声片	 	拆卸下来摆放在工具车上，一定注意位置。注意消声片和内外侧摩擦片方向不要弄混	
	第六步：同学甲拆卸制动缸滑销，放在工具车上		注意上下滑销摆放位置	
	第七步：同学甲拆卸制动缸防尘套		注意小心落地	
	第八步：同学甲拆卸1、2号支撑板，放在工具车上。注意安放位置		避免支撑板掉落地面	
	第九步：同学甲用指针式扭力扳手加长19号套筒拆卸制动卡钳支架螺栓		套筒最好用长套筒，操作方便	
	第十步：同学甲取下支撑架，并放在工具车上		切勿使其他工具或者部件掉落地上	

续表

项　目	内　容	图　解	技术规程	完成确认（甲、乙）
4. 拆卸盘式制动器	第十一步：同学乙准备磁性支座，以便进行在汽车上的固定测量		本步骤为后面的操作提供便利	
	第十二步：同学乙从工具车上取出百分表清洁，然后用手顶一下百分表探针，检查百分表零位，如不正常要进行调节		本步骤切莫忘记	
	第十三步：同学乙在同学甲取下支撑架之后立刻用粉笔在制动盘和轮毂轴承位置做记号		为正确安装做标记	
	第十四步：同学乙做好标记后立刻取下制动盘		用粉笔做记号	
	第十五步：同学乙用纱布清洁制动盘外表面，用砂皮清洁制动盘内表面		清洁时手不可以直接接触制动盘，以免影响制动效果	
	第十六步：同学乙检查制动盘内外表面是否有磨损和损坏裂纹等		检查时要仔细	
	第十七步：同学乙将千分尺旋开一定开度，然后用纱布清洁		清洁要认真，否则影响精度	

续表

项　目	内　容	图　解	技术规程	完成确认（甲、乙）
4. 拆卸盘式制动器	第十八步：同学乙对千分尺进行对零操作，如果零位不正确，可将误差记下，等最后读数时，再进行计算		读数要算进去误差	
	第十九步：同学乙测量制动盘厚度，读取第一个测量值，然后拿出千分尺，转动制动盘 120°再进行第二个位置测量，再转 120° 测量第三个位置。再将厚度的最小值与标准值进行比较		制动盘厚度标准值为 25.00mm，极限值为 23.00mm	
	第二十步：同学乙测量好后清洁千分尺，放回盒子里。观察同学甲，检查制动盘圆跳动时安装上制动盘	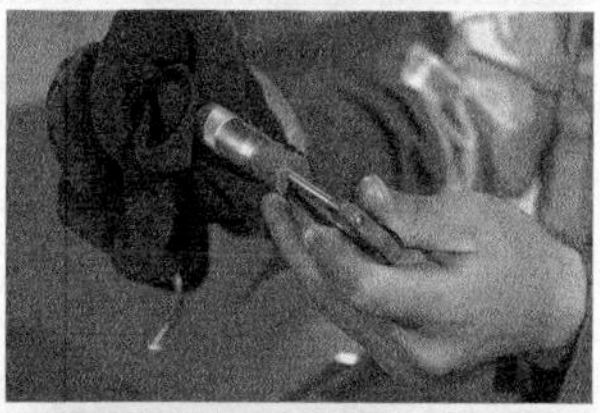	操作本步骤时，注意观察搭档是否安装制动盘	
	第二十一步：同学甲安装磁力支架，打开磁力开关，将其安放在悬架上部，并用纱布清洁轴承表面	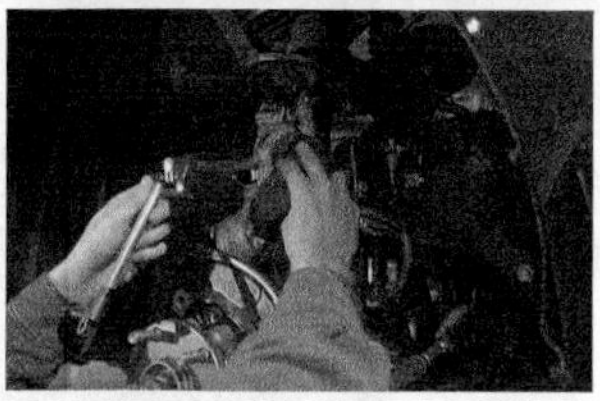	尽量在图示位置安装	
	第二十二步：同学甲将百分表安装在磁力表座上面。将百分表探针顶到轴承外表面，另外百分表探针必须与轴承外表面垂直。预紧 1～2 圈，然后进行固定。将百分表调到零位，以便能够准确读数		安装时需要对其预紧	
	第二十三步：同学甲用双手推拉轮毂轴承，并读出百分表数值，即为轴承松弛度		其标准值不能大于 0.05mm	

续表

项　目	内　容	图　解	技术规程	完成确认（甲、乙）
4. 拆卸盘式制动器	第二十四步：同学甲调节磁力支架，将百分表指针移向轴承外端面，并保持与其垂直，预紧1～2圈，然后固定。将百分表归零，用双手转动轴承两圈，并读数，比数值即为轴承径向跳动		径向跳动的最大值为0.05mm	
	第二十五步：同学甲拆下百分表，放到工具车上，抬起磁力支架，同学乙安装转子盘（对准记号）		此部分需两人配合，并熟悉操作	
	第二十六步：同学甲安装上位和左下位螺栓，同学乙安装工具SST及右上位螺栓。同学甲用扭力扳手将自己安装的两个螺栓拧紧		拧紧力矩为103N·m	
	第二十七步：同学乙拆卸SST工具和所在的螺栓		动作要利落	
	第二十八步：同学甲安装百分表，调节磁力支架，将百分表指针移向转子盘外端10mm处，并保持与其垂直，预紧1～2圈，然后固定。将百分表归零，转动转子盘两圈，观察百分表最大摆动量，即为转子盘跳动量	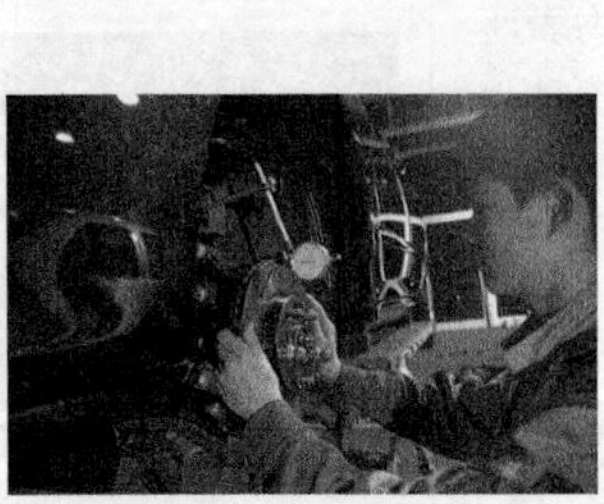	转子盘跳动量标准值≤0.05mm	
	第二十九步：同学甲拆卸百分表及磁力支架		拆卸支架时要关闭磁力开关	

续表

项　目	内　容	图　解	技术规程	完成确认（甲、乙）
4. 拆卸盘式制动器	第三十步：同学乙用砂片清除摩擦片表面污垢		力度适中	
	第三十一步：同学乙检查摩擦片有无不均匀磨损		操作中手不能直接接触摩擦片	
	第三十二步：同学乙目视制动器摩擦片厚度（内侧），检查其厚度是否在正常范围之内。如果厚度低于磨损极限，则更换摩擦片		操作中手不能直接接触摩擦片。摩擦片标准值为11mm，极限值为1mm	
	第三十三步：同学乙测量制动器摩擦片厚度（外侧）。拿起外侧摩擦片，用钢直尺进行外部厚度测量，如果低于磨损极限，则更换摩擦片	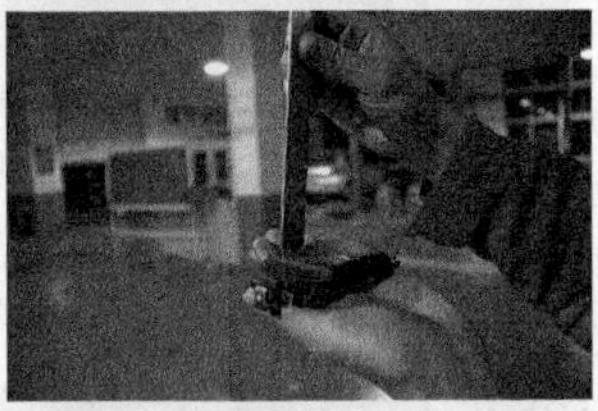		
	第三十四步：同学乙清洁百分表，清洁磁力支架，将消声器安装在摩擦片上		安装消声器时最好涂上黄油	
	第三十五步：同学甲安装制动卡钳支架，先用手将螺栓预紧，然后用扭力扳手将其拧紧		拧紧力矩108N·m	
	第三十六步：同学甲安装支架支撑板（四个）		四个位置不要弄混	

续表

项　目	内　容	图　解	技术规程	完成确认（甲、乙）
4. 拆卸盘式制动器	第三十七步：同学甲安装防尘套和制动缸滑销		上、下两个滑销注意分清楚，上面滑销长一些	
	第三十八步：同学甲将摩擦片安装在转子盘上，注意磨损指示器朝上		内、外侧摩擦片不要搞错	
	第三十九步：同学甲将制动轮缸从减振器的钢丝钩上面取下来，检查制动卡钳是否有液体泄漏		如果有液体溅出来，或者黏在其上，应立即用水清洗，否则损坏油漆表面	
	第四十步：将制动轮缸往下放，安装到规定位置		安装时要用手顶住消声片，防止其掉落	
	第四十一步：从工具车中拿来制动卡钳制动轮缸螺栓，用手将其旋紧，再用扭力扳手将其拧紧，并取下挂钩，放在工具车内		拧紧力矩 34N·m	
	第四十二步：同学乙用风动扳手拆卸轮胎两个螺母		本操作严禁戴手套	
	第四十三步：同学乙拆完轮胎螺母后，将风动扳手从气管中拔出，然后将其放在工具车上		动作一定正确，即右手拿住风动扳手，左手按下气管扣子，用力向下拉	

续表

项　目	内　容	图　解	技术规程	完成确认（甲、乙）
4. 拆卸盘式制动器	第四十四步：同学乙将刚才拉下的气管收回气管收集器中		收气管时动作不要太快，一端用手拉住，另一只手则将气管收回里面	
	第四十五步：同学乙走到轮胎摆放处，将轮胎提起到安装位置，与同学甲一起将轮胎螺母拧紧		一人扶，一人用套筒 + 长接杆 + 快速扳手将其拧紧	
	第四十六步：同学甲降车至地面位置（顶起位置 7），同学乙观看周围环境是否可安全降车	 	举升机不要完全降下，车轮着地即可	

3. 考核评价

顶起位置 4——车轮轴承及制动器检查考核评价表

时间：15min；满分：28 分

评　分		考核项目	评分标准
		制动系统	
		（1）左前车轮轴承	
		1）检查有无摆动	检查不到位，检查有错误扣 1 分
		2）检查有无转动状况和噪声	检查不到位，检查有错误扣 1 分
		（2）右前车轮轴承	
		1）检查有无摆动	检查不到位，检查有错误扣 1 分
		2）检查有无转动状况和噪声	检查不到位，检查有错误扣 1 分
		（3）左后车轮轴承	
		1）检查有无摆动	检查不到位，检查有错误扣 1 分

续表

评　分		考核项目	评分标准
		2）检查有无转动状况和噪声	检查不到位，检查有错误扣 1 分
		（4）右后车轮轴承	
		1）检查有无摆动	检查不到位，检查有错误扣 1 分
		2）检查有无转动状况和噪声	检查不到位，检查有错误扣 1 分
		（5）轮胎拆卸	工具使用不正确，未正确完成操作扣 1 分
		（6）制动盘拆卸	
		1）制动卡钳拆卸	工具使用不正确，未正确完成操作扣 1 分
		2）挂钩是否正确安装	动作规范，操作正确，检查无误，否则扣 1 分
		3）摩擦片拆卸	动作规范，操作正确，检查无误，否则扣 1 分
		4）摩擦片厚度及磨损检查	动作规范，操作正确，检查无误，否则扣 1 分
		5）制动卡钳滑销拆卸	动作规范，操作正确，检查无误，否则扣 1 分
		6）防尘套拆卸	动作规范，操作正确，检查无误，否则扣 1 分
		7）制动卡钳支架拆卸	动作规范，操作正确，检查无误，否则扣 1 分
		8）转子盘清洁检查	动作规范，操作正确，检查无误，否则扣 1 分
		9）轮毂轴承松弛度检查	工具使用正确，操作正确，检查无误，否则扣 1 分
		10）轮毂轴承跳动量检查	工具使用正确，操作正确，检查无误，否则扣 1 分
		11）转子盘跳动量检查	工具使用正确，操作正确，检查无误，否则扣 1 分
		12）制动卡钳的安装	动作规范，操作正确，否则扣 1 分
		13）制动卡钳滑销安装	动作规范，操作正确，否则扣 1 分
		14）制动卡钳防尘套安装	动作规范，操作正确，否则扣 1 分
		15）摩擦片的安装	动作规范，操作正确，否则扣 1 分
		16）制动缸的安装	动作规范，操作正确，否则扣 1 分
		17）SST 工具的使用	动作规范，操作正确，否则扣 1 分
		18）百分表的使用	动作规范，操作正确，否则扣 1 分
		19）轮胎螺母的安装	动作规范，操作正确，否则扣 1 分

任务6

顶起位置 7——发动机起动前及暖机、暖机后检查

任务描述

本任务是指同学乙在同学甲的配合下，完成顶起位置7的维护内容，此内容是在地面上进行的。此内容包括起动前任务，以及发动机暖机、发动机暖机后、发动机停机后等内容。本任务是在任务5之后进行的作业。

通过对本任务的学习，学生应在相关知识、操作技能、行为习惯、职业素养等方面达到以下相关要求。

序号	内容（相关知识、操作技能、行为习惯、职业素养）	评价标准			
		了解知道	理解掌握	示范操作	独立操作
1	安全、规范地工作				√
2	爱护实训车辆				√
3	工作、学习环境整洁有序				√
4	顶起位置 7 操作的重要性	√			
5	发动机在顶起位置 7 作业流程		√		
6	蓄电池电解液密度检查			√	√
7	团队配合，两位同学能够相互配合并能完成各自的操作			√	√

知识准备 ZHISHIZHUNBEI

1. 检查内容

此次操作任务具体包括驻车制动器和车轮挡块、发动机机油、喷洗液、发动机冷却液、散热器盖、制动液、制动管路、空气滤清器滤芯、蓄电池、前减振器上支撑、轮毂螺母的再紧固、PCV系统、发动机冷却液、自动变速器液、动力转向、空调、发动机冷却液燃油滤清器、尾气管、举升准备等。

本任务是在任务5之后进行的作业。

2. 技术标准

1）发动机机油加注量——标准为3.7L。

2）散热器盖阀门开启压力——标准为74 ～ 103kPa。

3）蓄电池电解液密度——标准为125 ～ 128g/cm^3。

4）前减振器上支撑螺栓——标准力矩为39N · m。

5）车轮螺母紧固——标准力矩为103N · m。

6）PCV检查时，按下软管后可听到“哒哒”的声音。

7）自动变速器液位检查时必须在规定的刻度之间。

1. 任务准备

1）工作场景：理实一体化教室。

2）主要设备：实训车辆1台，举升机1台，常用工具1套。

3）辅助材料：机油1桶，密度计1个，空气滤清器等。

2. 实施步骤

本任务共1个时段。甲、乙同学在该时段内的操作为同步操作。

（1）同学乙操作

项　目	内　容	图　解	技术规程	完成确认（乙）
1. 准备工作	准备工作。当同学甲快将汽车降至地面位置时，准备一桶机油（注入 3.7L）使同学甲方便操作加机油		机油量要合适，过多过少都不好	
2. 驻车制动器和车轮挡块	第一步：当车辆降到顶起位置 7 时，同学乙进入驾驶室，拉起驻车制动器		车着地后立刻拉起驻车制动器，防止车辆移动，确保安全	
	第二步：安装车轮挡块		身体不能接触车辆	

续表

项　目	内　容	图　解	技术规程	完成确认（乙）
2. 驻车制动器和车轮挡块	第三步：安装尾气管	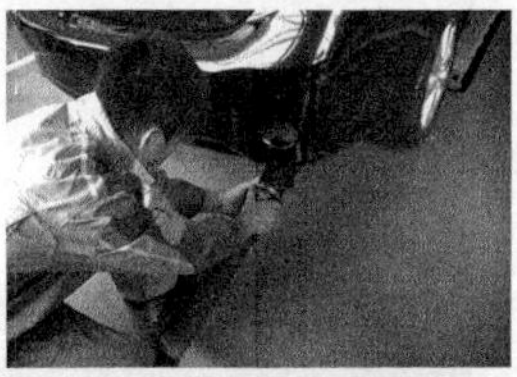	注意手拿尾气管的位置不能太靠前	
3. 空气滤清器的更换	第一步：用手打开空气滤清器的两个扣子		注意扣子位置	
	第二步：打开扣子后取出里面的空气滤清器滤芯		小心掉落	
	第三步：用布清洁一下滤清器的支座，保证里面干净	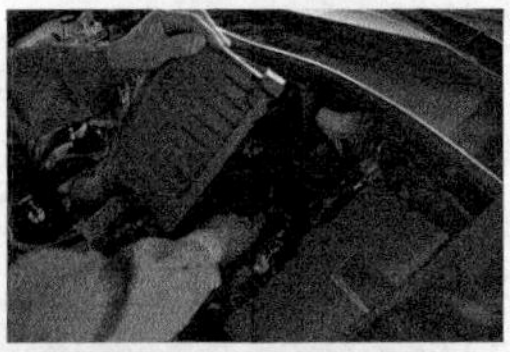	如不清洁，新换的滤清器很容易变脏，影响进气量	
	第四步：更换一个新的空气滤清器滤芯，将旧的放在工具车上		小心其掉落	
	第五步：安装新的滤清器		安装时注意安装方向，有标记的朝上	
	第六步：将空气滤清器罩的扣子扣上		要确保上、下罩完全配合好才可进行操作	

续表

项　目	内　容	图　解	技术规程	完成确认（乙）
4. 左前车轮轮毂螺母再次拧紧	第一步：从工具车中拿出扭力扳手调到规定扭力，然后锁住。从工具车上选好短接杆和 21 号套筒，准备检查螺母螺栓		1）在用扭力扳手紧固螺栓螺母时，一只手握住前端连接杆处，防止掉落，另一只手握住手柄。 2）在使用扭力扳手时，用力的方向一定向操作人员自身的方向，以免造成伤害	
	第二步：拿着扭力扳手来到左车轮处，左手握住扭力扳手手柄，右手握住连接杆处，将套筒套在左上螺母处，然后左手慢慢用力旋紧，当听到“咔”的一声时停止该操作。此时已经紧固到了规定力矩		拧紧时注意扭力扳手使用是否正确。 螺栓类型 4 × 21（数量 × 大小）。 使用工具：扭力扳手，短接杆，21 号套筒。 标准力矩：103 N · m	
	第三步：左手握住扭力扳手手柄，右手握住连接杆处，将套筒套在右上螺母处，然后左手慢慢用力旋紧，当听到“咔”的一声时停止该操作。此时已经紧固到了规定力矩	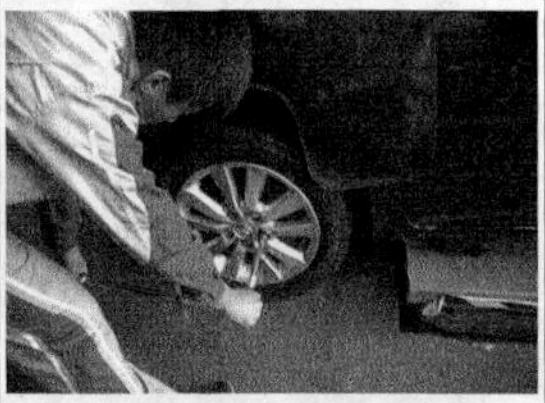		
	第四步：左手握住扭力扳手手柄，右手握住连接杆处，将套筒套在左下螺母处，然后左手慢慢用力旋紧，当听到“咔”的一声时停止该操作。此时已经紧固到了规定力矩			
	第五步：左手握住扭力扳手手柄，右手握住连接杆处，将套筒套在上部螺母处，然后左手慢慢用力旋紧，当听到“咔”的一声时停止该操作。此时已经紧固到了规定力矩	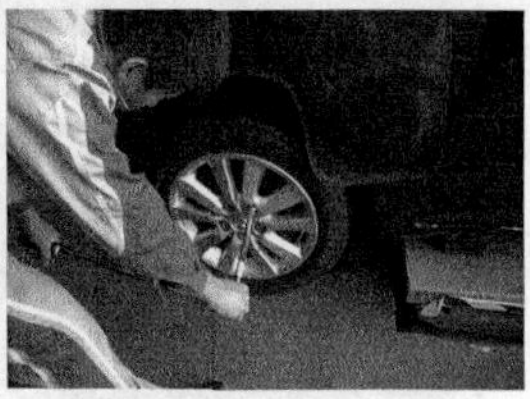		

续表

<table>
<tr><th>项 目</th><th>内 容</th><th>图 解</th><th>技术规程</th><th>完成确认（乙）</th></tr>
<tr><td>4. 左前车轮轮毂螺母再次拧紧</td><td>第六步：左手握住扭力扳手手柄，右手握住连接杆处，将套筒套在右下螺母处，然后左手慢慢用力旋紧，当听到“咔”的一声时停止该操作。此时已经紧固到了规定力矩</td><td> 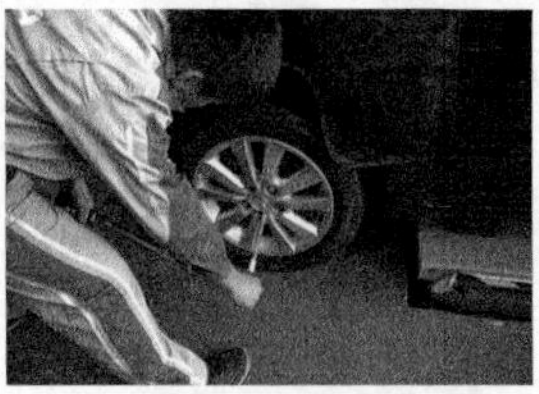</td><td rowspan="7">螺栓类型 4×21（数量 × 大小）。
使用工具：扭力扳手，短接杆，21 号套筒。
标准力矩：103 N·m</td><td></td></tr>
<tr><td rowspan="2">5. 左后车轮轮毂螺母再次拧紧</td><td>第一步：此操作参考“左前车轮轮毂螺母再次拧紧”</td><td> </td><td></td></tr>
<tr><td>第二步：打开左后车门</td><td> </td><td></td></tr>
<tr><td rowspan="2">6. 右后车轮轮毂螺母再次拧紧</td><td>第一步：此操作参考“左前车轮轮毂螺母再次拧紧”</td><td> </td><td></td></tr>
<tr><td>第二步：打开右后车门</td><td> </td><td></td></tr>
<tr><td rowspan="2">7. 右前车轮轮毂螺母再次拧紧</td><td>第一步：此操作参考“左前车轮轮毂螺母再次拧紧”</td><td> </td><td></td></tr>
<tr><td>第二步：打开右前车门</td><td> </td><td></td></tr>
</table>

续表

项　目	内　容	图　解	技术规程	完成确认（乙）
7. 右前车轮轮毂螺母再次拧紧	第三步：从扭力扳手上拆卸短接杆和套筒，将工具放入工具车		防止工具掉落	
8. 前减振器的上支撑	第一步：从工具车中拿扭力扳手，按照规定的力矩调好，然后锁住。再从工具车中选好短接杆和 12 号套筒，准备检查螺栓和螺母		1）在用扭力扳手紧固螺栓螺母时，一只手握住前端连接杆处，防止掉落，另一只手握住手柄。 2）在使用扭力扳手时，用力的方向一定向操作人员自身的方向，以免造成伤害	
	第二步：拿着扭力扳手来到车辆左侧的减振器上支撑处，右手握住扭力扳手手柄，左手握接杆连接处，将套筒套进螺栓，然后右手慢慢用力旋紧，当听到“咔”的一声时停止操作。如果此时没有松动，则正常；如果松动，则将其紧固。最后退出套筒		退出套筒注意防止套筒掉落（如果挡板没拆，用梅花扳手检查）	
	第三步：拿着扭力扳手来到车辆右侧的减振器上支撑处，右手握住扭力扳手手柄，左手握接杆连接处，将套筒套进螺栓，然后右手慢慢用力旋紧，当听到“咔”的一声时停止操作。如果此时没有松动，则正常；如果松动，则将其紧固。最后退出套筒			
	第四步：从扭力扳手上拆卸短接杆和套筒，将工具放入工具车	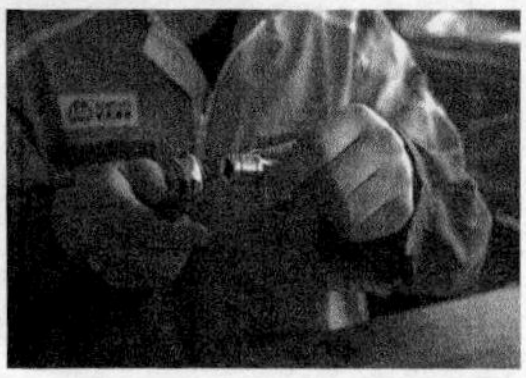	防止工具掉落	

续表

项　目	内　容	图　解	技术规程	完成确认（乙）
9. 配合同学甲进行车辆自动变速器液位检查	第一步：打开左前车门，进入驾驶室，车门不用关		车门开着是为了后面空调的检查	
	第二步：确认驻车制动是否拉起，变速杆是否在“P”位		动作适中	
	第三步：大声喊出“起动汽车”。同学甲观察周围人员是否在安全区域，并回答“允许起动”。同学乙转动点火开关，起动发动机		本操作必须和搭档配合起来	
	第四步：发动机起动后，同学乙轻踩节气门，使发动机转速上升，使发动机温度达到正常值 80～90℃	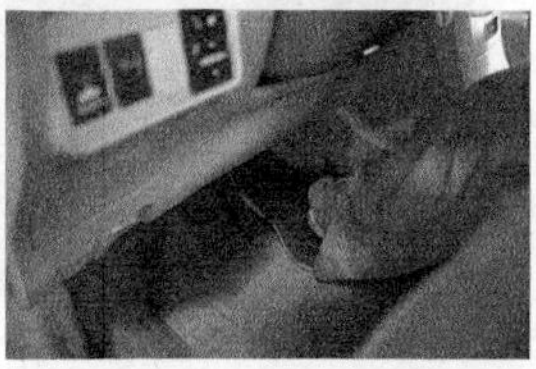	本操作是检查自动变速器的前提条件，温度正常	
	第五步：温度正常后，大声喊出“温度正常，循环挡位”。右手握住自动变速器的变速杆，准备换挡		声音洪亮	
	第六步：右手开始换挡位。按“P”挡—“R”挡—“N”挡—“3—D”挡—“2”挡—“L”挡的顺序一直换下来	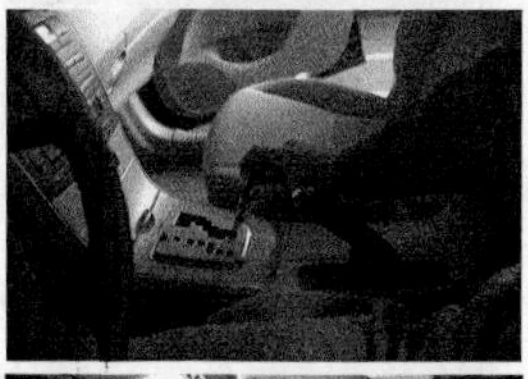 	在换挡过程中不要换得太快，要等到挡位挂进变速器真正开始工作后再换下一个挡位。主要是为了让自动变速器的油液循环良好。我们可以从车辆的运行状况感受出来，换挡后有微微的振动感，即可以换下一个挡位	

续表

项　目	内　容	图　解	技术规程	完成确认（乙）
9. 配合同学甲进行车辆自动变速器液位检查	第七步：右手开始换挡位。按“L”挡—“2”挡—“3—D”挡—“N”挡—“R”挡—“P”挡的顺序一直换下来		在换挡过程中不要换得太快，要等到挡位挂进变速器真正开始工作后再换下一个挡位。主要是为了让自动变速器的油液循环良好。我们可以从车辆的运行状况感受出来，换挡后有微微的振动感，即可以换下一个挡位	
	第八步：同学乙喊出“挡位循环结束”		同学甲之后去检查自动变速器液位。检查结束后，发出口令“检查空调”	
10. 配合同学甲进行车辆空调检查	第一步：同学乙打开空调，按下 A/C 开关，使空调进行制冷		此时已打开空调	
	第二步：同学乙按下风速开关，将空调的风速调到最大位置		此步骤主要为检查空调做准备，勿遗忘	
	第三步：同学乙按下制冷开关，温度控制设置为“最冷”			
	第四步：等待同学甲检查完之后发出“关闭空调”信号，同学乙关闭空调		关闭空调后，同学甲检查空调气泡，应该是清澈的	

续表

项　目	内　容	图　解	技术规程	完成确认（乙）
10. 配合同学甲进行车辆空调检查	第五步：同学乙下车，将左侧两个车门同时关闭		同学甲关闭右侧车门，动作是同时完成的	
	第六步：同学乙下蹲检查左侧举升垫块是否正确。如果不正确，需调整；正确后,起立喊“位置正确”		右侧举升垫块是由同学甲去检查的，动作是同时完成的	
	第七步：收起尾气管		注意手握尾气管位置	
	第八步：再次检查发动机机油，确保机油位置正确		此操作参照顶起位置1中预检操作	
	第九步：收拾工具，同学甲举升汽车，同学乙观察周围状况，确定是否允许举升		防止工具掉落	

（2）同学甲操作

项　目	内　容	图　解	技术规程	完成确认（甲）
1. 加注发动机机油	第一步：举升完毕后，同学甲拿起在机油口处的纱布，放入口袋		纱布防止杂物掉入机油口中	

续表

项 目	内 容	图 解	技术规程	完成确认（甲）
1. 加注发动机机油	第二步：从工具车上拿来一桶机油（同学乙准备好的），然后一只手提着机油桶，另一只手拖着，准备加注机油	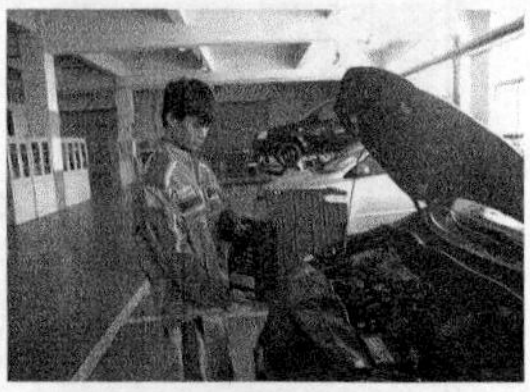	机油拿来时要稳点儿，防止机油滴落	
	第三步：将机油桶口对准发动机机油加注口，开始倒机油时，动作一定要慢	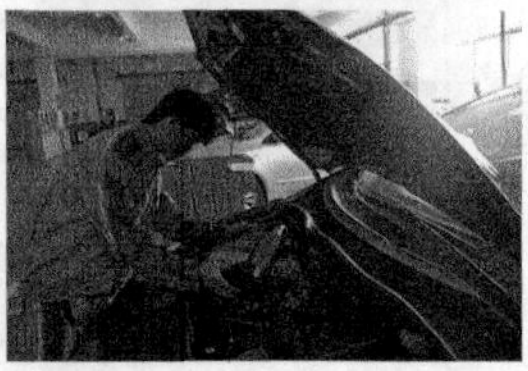	倒机油的时候机油桶要倾斜，要让机油桶的手柄处悬空通大气，以防倒机油的时候产生气泡	
	第四步：加注机油时注意加注量，到了规定量后，可以停止加油	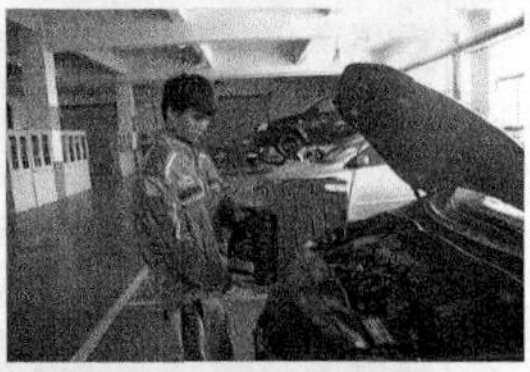	机油加注过程中，如有机油滴落，应立即停止操作，然后用纱布擦干净	
	第五步：检查机油液位是否正常	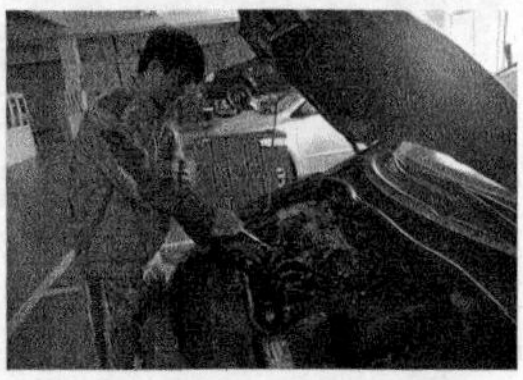	此操作参考顶起位置1预检工作中的机油液位检查	
	第六步：从工具车上拿来机油加注口盖，用手拧紧，然后用纱布将其擦干净	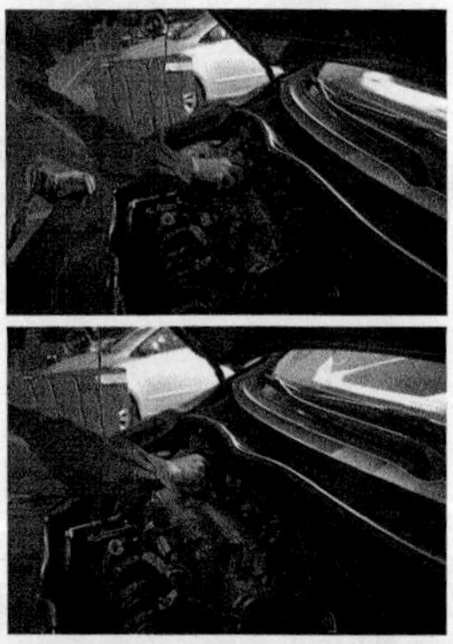	将周围擦一下，如果手上有机油应立刻擦掉	
2. 喷洗液液位检查	此操作参考顶起位置1预检工作	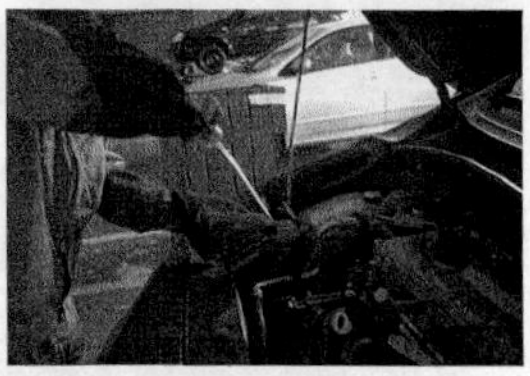	注意清洗液不要滴落下来	

续表

<table>
<tr><th>项　目</th><th colspan="2">内　容</th><th>图　解</th><th>技术规程</th><th>完成确认（甲）</th></tr>
<tr><td>3. 发动机冷却液液位检查</td><td colspan="2">此操作参考顶起位置 1 预检工作</td><td> </td><td>如果光线过暗，可以用手电筒</td><td></td></tr>
<tr><td rowspan="5">4. 蓄电池检查</td><td colspan="2">第一步：检查电解液液位。
从工具车中拿出一个手电筒，然后打着手电筒检查蓄电池各个单元液位是否处于上线和下线之间</td><td> </td><td>如果很难发现液位，可以轻轻地晃动汽车检查其液位。
有些蓄电池通过指示器的颜色显示蓄电池液位和蓄电池状况。
蓝色——正常
红色——电解液液位不足
白色——需要充电</td><td></td></tr>
<tr><td colspan="2">第二步：检查蓄电池电池盒是否损坏。用手电筒从四个方向照向蓄电池盒，然后用眼睛观察其是否有损坏、裂纹、泄漏等情况</td><td> </td><td>如果表面有泄漏，很可能引起蓄电池自行放电（漏电）</td><td></td></tr>
<tr><td colspan="2">第三步：检查蓄电池端子腐蚀情况。首先拿开正极端子的罩，然后用两只手分别来摸蓄电池的两个端子，观察其是否有腐蚀的情况</td><td> </td><td>如果光线过暗，请使用手电筒</td><td></td></tr>
<tr><td colspan="2">第四步：检查蓄电池端子导线松动情况。同学甲一只手握一个端子，然后晃动检查接线柱与端子之间是否松动</td><td> 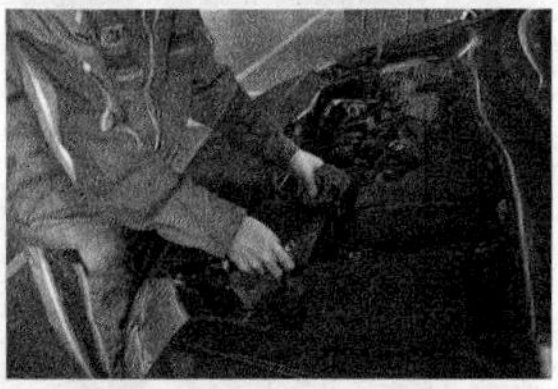</td><td>力度要适中</td><td></td></tr>
<tr><td>第五步：检查通风孔塞损坏情况</td><td>1）用手松开蓄电池的通风孔塞</td><td> </td><td>如果很紧可以使用工具</td><td></td></tr>
</table>

续表

项　目	内　容		图　解	技术规程	完成确认（甲）
4. 蓄电池检查	第五步：检查通风孔塞损坏情况	2）用眼睛观察通风孔塞是否有损坏及堵塞		观察需要仔细，如果是免维护的，忽略此项	
	第六步：测量一格电解液的密度	1）从工具车上拿出液体密度计，然后在密度计上滴一滴清水，起到清洗和密度计归零的作用		不要将水滴落到地上	
		2）同学甲一手拿着密度计，另一只手用吸管从蓄电池中吸取少许电解液，以便进行测量		不要将电解液滴落到地上	
		3）将吸管中的电解液滴到密度计上，一滴即可。再将多余的滴回蓄电池中		如果操作期间有其他物质进入密度计，应立刻清洗再进行操作	
		4）将吸管放到工具车上，然后盖上密度计的盖子，准备进行测量		拿密度计要稳，以防其掉落地上	
		5）拿起密度计，面向光线比较强的地方，然后读出电解液密度值。如果低于标准值，说明需要进行充电		标准值：在温度为20℃时，电解液的密度为 1.25 ～ 1.28g/m^3；如果温度不是20℃，必须换算成20° 后再比较	
		6）检查完后用布清洁密度计，然后装进盒子里面，再放到工具车上	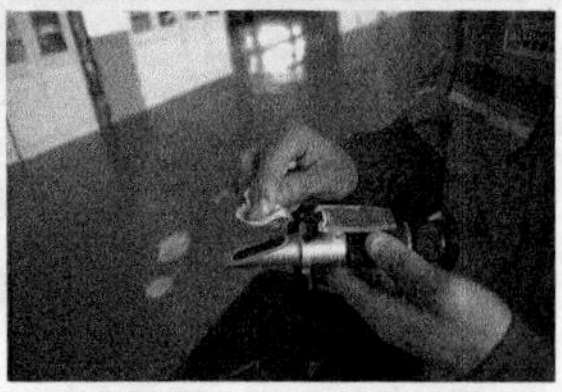	布必须是干净的	

续表

<table>
<tr><th>项　目</th><th colspan="2">内　容</th><th>图　解</th><th>技术规程</th><th>完成确认（甲）</th></tr>
<tr><td>4. 蓄电池检查</td><td>第六步：测量一格电解液的密度</td><td>7）从工具车上拿起通风孔塞，将其安装到蓄电池上并旋紧</td><td></td><td>切勿忘记</td><td></td></tr>
<tr><td rowspan="2">5. 制动液</td><td colspan="2">第一步：检查制动总泵内液面。检查其液位是否在最高和最低刻度之间</td><td></td><td>如果制动液位溅出，应立即清洗。如果制动液位下降明显，则说明制动系统磨损严重或者有泄漏，应立即检查制动系统</td><td></td></tr>
<tr><td colspan="2">第二步：用双手去摸制动总泵，检查是否有泄漏</td><td></td><td rowspan="4">如果光线差，可以使用手电筒</td><td></td></tr>
<tr><td rowspan="3">6. 制动管路</td><td colspan="2">第一步：检查制动管路是否有制动液泄漏</td><td rowspan="3"></td><td rowspan="3"></td></tr>
<tr><td colspan="2">第二步：检查制动器管和软管是否有裂纹和损坏</td></tr>
<tr><td colspan="2">第三步：用手去摸制动管路，检查制动器软管和管路安装状况是否牢固</td></tr>
<tr><td rowspan="3">7. 发动机冷却液</td><td colspan="2">第一步：同学乙给出起动信号“起动汽车”，同学甲同意起动</td><td></td><td>此操作为两人配合，需要认真听取搭档指令</td><td></td></tr>
<tr><td colspan="2">第二步：同学甲检查冷却液是否从散热器泄漏。用手摸眼看的方法检查散热器周围是否有泄漏。如果光线较暗可用手电筒</td><td></td><td>如果温度较高，风扇会转，手摸的时候要小心</td><td></td></tr>
<tr><td colspan="2">第三步：检查橡胶软管是否有泄漏。用手摸眼看的方法检查橡胶软管是否有泄漏</td><td></td><td>如果有泄漏，用布擦干净，过会再确认是否泄漏</td><td></td></tr>
</table>

续表

<table>
<tr><th>项　目</th><th>内　容</th><th>图　解</th><th>技术规程</th><th>完成确认（甲）</th></tr>
<tr><td rowspan="6">7. 发动机冷却液</td><td>第四步：检查软管周围是否有泄漏。用手摸眼看的方法检查软管夹周围是否有泄漏</td><td></td><td rowspan="2">如果有泄漏，用布擦干净，过会再确认是否泄漏</td><td></td></tr>
<tr><td>第五步：检查散热器盖是否有泄漏。用手摸眼看的方法检查散热器盖是否泄漏</td><td></td><td></td></tr>
<tr><td>第六步：检查橡胶软管是否有裂纹、凸起和硬化。用手慢慢地握紧橡胶软管，然后再放开，感觉是否有硬化和裂纹等现象</td><td></td><td rowspan="3">双手慢慢地感觉凸起和硬化</td><td></td></tr>
<tr><td>第七步：检查橡胶软管连接是否松动。用手摸眼看的方法检查连接是否松动</td><td></td><td></td></tr>
<tr><td>第八步：检查夹箍安装是否松动。用手摸眼看的方法检查其是否松动</td><td></td><td></td></tr>
<tr><td>第九步：再次确认发动机冷却液液位是否正常</td><td></td><td>如果光线不好，可以使用手电筒</td><td></td></tr>
<tr><td>8. 暖机后自动变速器液位检查</td><td>第一步：当同学乙说“温度正常”时，同学甲发出循环挡位的指令。同学乙开始循环挡位。同学甲左手拿一块纱布，右手准备去拔自动变速器液位尺</td><td></td><td>起动后，经过一段时间，发动机温度上升至正常温度</td><td></td></tr>
</table>

续表

项 目	内 容	图 解	技术规程	完成确认（甲）
8. 暖机后自动变速器液位检查	第二步：当同学甲听到同学乙发出的循环挡位结束的口令时，同学甲拔出自动变速器的液位尺，纱布一直包在液位尺上，当液位尺拔出后，从上往下擦液位尺		该操作需谨慎听取搭档口令	
	第三步：把液位尺擦干净后，再将自动变速器液位尺插入到自动变速器中		动作不需要快，但是要到位	
	第四步：拔出液位尺，检查液位标记是否在两个刻度之间。确认液位是否正常。如液位不足，则加注到正常液位		查看标记时尺身与水平应保持45°，顶端放着纱布，以防油滴滴落	
	第五步：检查完后立刻将液位尺再次装入自动变速器内		如果有泄漏，应立即用纱布擦干净	
9. 检查空调	第一步：同学甲发出“检查空调”信号。同学乙打开空调开关，温度调最低，风速调最大		该操作需仔细听取搭档口令	
	第二步：同学甲来到发动机室前方，用手电筒观察空调观察孔，检查制冷剂量		标准值：1——只有少量气泡，说明正常。2——有很多气泡，则不充足。3——没有气泡，则空或者多	

续表

项　目	内　容	图　解	技术规程	完成确认（甲）
9. 检查空调	第三步：观察好后，向同学乙发出“OK,关闭空调”信号，同学乙关闭空调，然后同学甲观察空调观察孔应该是清澈的	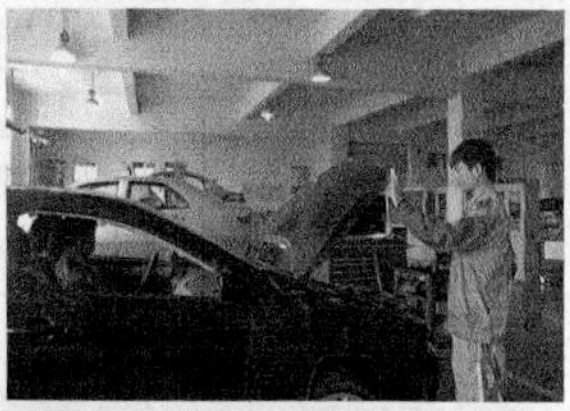	该操作需要进行搭档间相互信息传递	
	第四步：同学甲走向车辆右边，关闭右边的两个车门		此时同学乙关闭左边的两个车门，动作是同步的	
	第五步：同学甲下蹲检查举升垫块，看垫块位置是否正确，然后起身喊“正确”	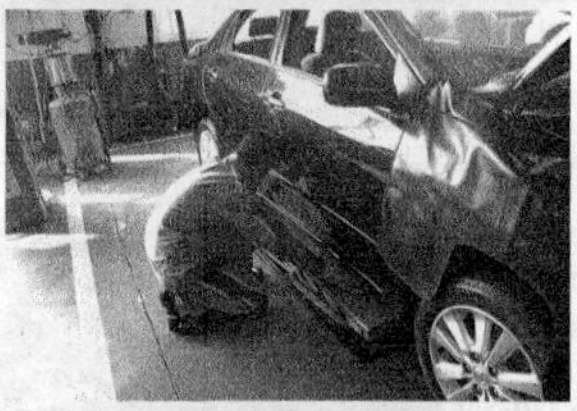	此时同学乙检查左边的两个举升垫块	
	第六步：同学甲走向举升机控制台，同学乙再次检查机油液位		再次确认机油液位是否正常	
	第七步：同学甲听到同学乙确定周围安全可以举升的信号之后，举升汽车至顶起位置 8		当有其他人进入场地时，应立刻提醒其离开场地	

3. 考核评价

顶起位置 7——发动机起动前及暖机、暖机后检查考核评价表

时间：10min；满分：32 分

评　分		考核项目	评分标准
		1. 发动机起动前	
		（1）驻车制动器和车轮挡块	

续表

评　分		考核项目	评分标准
		1）使用驻车制动	未做，做得不到位扣 1 分
		2）安装车轮挡块	未装，安装不到位扣 1 分
		3）安装尾气管	未装，安装不到位扣 1 分
		（2）加注发动机机油	操作不到位，操作有错误扣 1 分
		（3）喷洗器液位	操作不到位，操作有错误扣 1 分
		（4）冷却液液位	操作不到位，操作有错误扣 1 分
		（5）制动液液位	操作不到位，操作有错误扣 1 分
		（6）制动总泵是否泄漏	操作不到位，操作有错误扣 1 分
		（7）制动管路是否泄漏	动作规范，操作正确，检查无误，否则扣 1 分
		（8）制动软管是否有裂纹和凸起	动作规范，操作正确，否则扣 1 分
		（9）制动管路和软管安装状况	动作规范，操作正确，否则扣 1 分
		（10）空气滤清器更换	动作规范，操作正确，否则扣 1 分
		（11）蓄电池液位	动作规范，操作正确，检查无误，否则扣 1 分
		（12）蓄电池电池盒是否损坏	动作规范，操作正确，检查无误，否则扣 1 分
		（13）蓄电池电池端子是否腐蚀	动作规范，操作正确，检查无误，否则扣 1 分
		（14）蓄电池端子导线是否松动	动作规范，操作正确，检查无误，否则扣 1 分
		（15）密度值检查	动作规范，操作正确，检查无误，否则扣 1 分
		（16）减振器上支撑	动作规范，操作正确，检查无误，否则扣 1 分
		（17）左前车轮轮毂螺栓安装	工具正确，操作正确，检查无误，否则扣 1 分
		（18）右前车轮轮毂螺栓安装	工具正确，操作正确，检查无误，否则扣 1 分
		（19）左后车轮轮毂螺栓安装	工具正确，操作正确，检查无误，否则扣 1 分
		（20）右后车轮轮毂螺栓安装	工具正确，操作正确，检查无误，否则扣 1 分
		2. 暖机期间	
		（1）散热器是否泄漏	动作规范，操作正确，检查无误，否则扣 1 分
		（2）橡胶软管是否泄漏	动作规范，操作正确，检查无误，否则扣 1 分
		（3）软管夹周围是否泄漏	动作规范，操作正确，检查无误，否则扣 1 分
		（4）橡胶软管连接	动作规范，操作正确，检查无误，否则扣 1 分
		（5）夹箍安装是否正确	动作规范，操作正确，检查无误，否则扣 1 分
		3. 暖机后运转	
		（1）自动变速器液位检查	动作规范，操作正确，检查无误，否则扣 1 分
		（2）空调制冷剂	动作规范，操作正确，检查无误，否则扣 1 分
		4. 发动机停机后	
		（1）发动机机油	动作规范，操作正确，检查无误，否则扣 1 分
		（2）空调制冷剂	动作规范，操作正确，检查无误，否则扣 1 分
		（3）冷却液液位	动作规范，操作正确，检查无误，否则扣 1 分
		（4）举升准备	动作规范，操作正确，检查无误，否则扣 1 分

任务7

顶起位置 8、9——最终检查及清洁

任务描述

本任务为顶起位置8、顶起位置9的作业内容。顶起位置8是对于汽车底盘任务的一次复查。顶起位置9是最后的清洁和恢复工作，将车辆恢复到正常状态。

通过对本任务的学习，学生应在相关知识、操作技能、行为习惯、职业素养等方面达到以下相关要求。

序号	内容（相关知识、操作技能、行为习惯、职业素养）	评价标准			
		了解知道	理解掌握	示范操作	独立操作
1	安全、规范地工作				√
2	爱护实训车辆				√
3	工作、学习环境整洁有序				√
4	顶起位置 8 和顶起位置 9 任务检查的重要性	√			
5	顶起位置 8 和顶起位置 9 任务的作业流程		√	√	
6	顶起位置 8 和顶起位置 9 中各个任务的操作				√
7	团队配合，两位同学能够相互配合并能完成各自的操作				√

知识准备 ZHISHIZHUNBEI

1. 检查内容

本任务检查内容包括顶起位置8发动机机油、制动器液、各更换零件的最终检查。

顶起位置9的作业内容包括收音机、时钟、座椅、清洁车身内部、烟灰缸、三件套、翼子板布、前格栅布、所有工具设备清洁归位、工单填写等。

本任务是在任务6之后进行的作业。

2. 技术标准

1）所有制动系统必须无泄漏。

2）所有更换过的零件必须安装正常。

3）车辆工具、设备清洁到位。

1. 任务准备

1）工作场景：理实一体化教室。

2）主要设备：实训车辆1台，举升机1台，常用工具1套。

3）辅助材料：手电筒、挡块。

2. 实施步骤

本任务共1个时段，同学甲、乙在该时段内的操作为同步操作。

（1）同学乙操作

项　目	内　容	图　解	技术规程	完成确认（乙）
1. 顶起位置 8 最终检查	第一步：车辆举升到顶起位置 8（检查底盘的位置）后，同学乙收起车轮挡块		本操作切莫忘记	
	第二步：同学乙清洁场地，用拖把将地面整理干净		此时同学甲在复查底盘，注意不要与其发生碰撞	

续表

项　目	内　容	图　解	技术规程	完成确认（乙）
1. 顶起位置 8 最终检查	第三步：等同学甲离开底盘前部后，同学乙来到底盘前部，检查发动机机油排放塞、机油滤清器等零件安装状态是否正常	 	如果安装不到位，则重新安装	
	第四步：同学甲下降车辆，同学乙观察周围环境，并下达指令允许降落。车辆降至顶起位置 9 地面位置	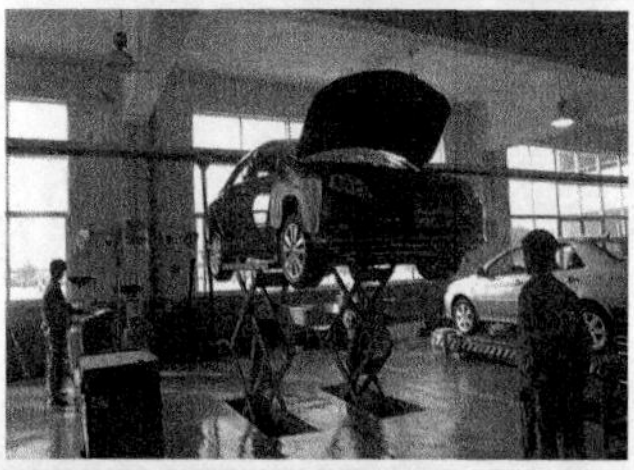	如果有人，请提示让其离开场地，注意安全	
2. 顶起位置 9 最终检查	车辆下降至地面即顶起位置 9 时，同学乙收起举升垫块	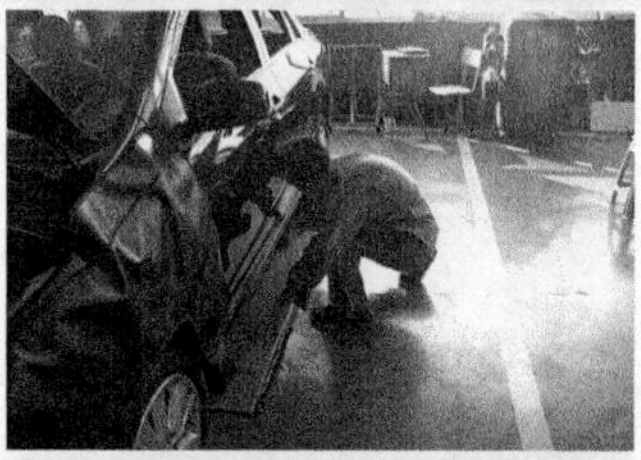	本操作切莫忘记	
3. 调整收音机、时钟、座椅位置等	第一步：同学乙从工具车上拿一块纱布进入驾驶室，关闭车门		也可以将布放在口袋里	
	第二步：调整收音机，确定收音机能正常工作，并回复到原始频道		不要忘记	
	第三步：调整时钟，确定时钟能正常工作，调到标准时间			

续表

项　目	内　容	图　解	技术规程	完成确认（乙）
3. 调整收音机、时钟、座椅位置等	第四步：同学乙调整座椅位置，拉动座椅下面的调整杆，调整到驾驶员初始位置，即驾驶员习惯位置		以人为本，为顾客服务	
4. 清洁车身内部、烟灰缸等	第一步：同学乙用纱布清洁车身内部，所有维护过程中接触的地方都要清洁		各个按钮、刮水器开关、变光开关、变速杆、驻车制动等	
	第二步：打开烟灰缸，进行观察。如果有烟灰，及时倒掉，并清洁烟灰缸	 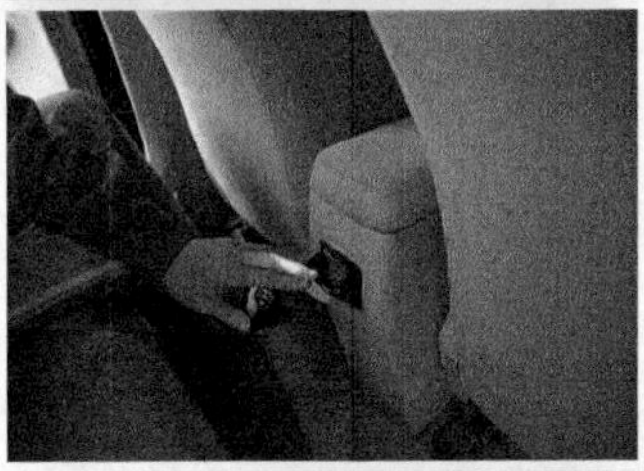	烟灰缸一般有两个，前排一个，后排一个，两个都要检查	
	第三步：升起车窗，再关闭点火开关，拔出钥匙	 	切莫忘记升车窗	

续表

项　目	内　容	图　解	技术规程	完成确认（乙）
4. 清洁车身内部、烟灰缸等	第四步：拆除转向盘套。将转向盘套由上往下拆除		动作要轻，而且规范，防止损坏转向盘套	
	第五步：拆除座椅套。同学乙从驾驶室出来，从座椅背开始从上往下拆除座椅套		动作要轻，而且规范，防止损坏座椅套	
	第六步：拆除地板垫	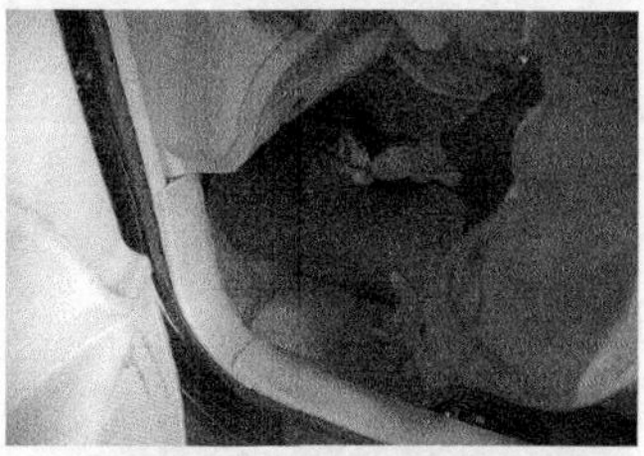	将座椅套、转向盘套放在地板垫中间，然后将地板垫对折	
	第七步：关闭车门，将三件套放入废件箱中去	 	明确垃圾箱位置	

续表

项　目	内　容	图　解	技术规程	完成确认（乙）
4. 清洁车身内部、烟灰缸等	第八步：用纱布清洁车身左半部分。清洁刮水器（左边）	 	右半部分由同学甲完成，此操作两人同时作业	
	第九步：锁止汽车		切莫忘记	

（2）同学甲操作

项　目	内　容	图　解	技术规程	完成确认（甲）
1. 发动机机油泄漏检查	第一步：用双手去摸发动机各个部位，检查发动机处、机油滤清器处各个地方是否有机油泄漏	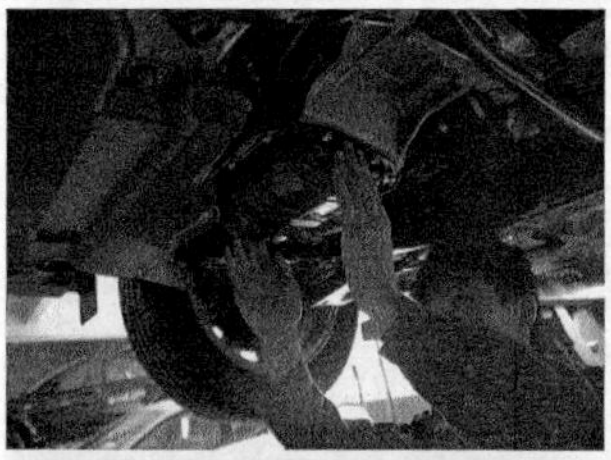	如果出现泄漏，用纱布将其擦干净，然后过段时间再来检查是否泄漏	
	第二步：同学甲走到左前车轮处，检查左前车轮制动系统是否有泄漏	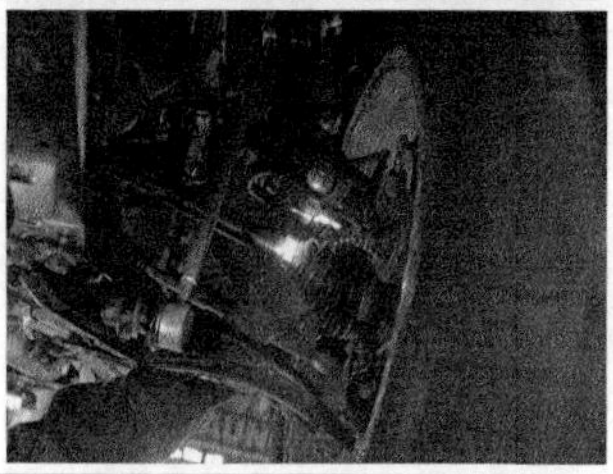		

续表

项　目	内　容	图　解	技术规程	完成确认（甲）
1. 发动机机油泄漏检查	第三步：同学甲用手摸着制动管路走到左前车轮处，检查制动管路是否有泄漏现象		如果出现泄漏，用纱布将其擦干净，然后过段时间再来检查是否泄漏	
	第四步：同学甲走到左后车轮处，检查左后车轮制动系统是否有泄漏			
	第五步：同学甲走到右后车轮处，检查右后车轮制动系统是否有泄漏			
	第六步：同学甲走到右前车轮处，检查右前车轮制动系统是否有泄漏			
	第七步：填工单，大声喊出“下降汽车”，等听到同学乙说“允许下降”时，再下降汽车至顶起位置 9	 	如果有人，请提示让其离开	

续表

项　目	内　容	图　解	技术规程	完成确认（甲）
2. 顶起位置 9 最终检查	第一步：举升汽车至顶起位置 9 完毕后，同学甲拆除右翼子板布		身体不要接触车辆	
	第二步：拆除前格栅布			
	第三步：拆除左翼子板布			
	第四步：关闭发动机舱盖		以上四项操作，参考顶起位置 1 预检工作进行作业	
3. 最终清洁	第一步：用纱布清洁车身右半部。清洁刮水器（右边）	 	左边由同学乙完成，此操作两人同时作业	

续表

项　目	内　容	图　解	技术规程	完成确认（甲）
3. 最终清洁	第二步：填写工单，完毕		记录不符合标准的部件和项目	

3. 考核评价

顶起位置 8、9——最终检查及清洁考核评价表

时间：7min；满分：12 分

评　分		考核项目	评分标准
		1. 底盘	
		最终检查	
		1）发动机机油泄漏	未做，做得不到位扣 1 分
		2）制动器液泄漏	未做，做得不到位扣 1 分
		3）更换零部件	未做，做得不到位扣 1 分
		2. 恢复，清洁	
		（1）调整收音机、时钟等	操作不到位，操作有错误扣 1 分
		（2）清洁车身内部、烟灰缸	操作不到位，操作有错误扣 1 分
		（3）拆除转向盘套	操作不到位，操作有错误扣 1 分
		（4）拆除座椅套	操作不到位，操作有错误扣 1 分
		（5）拆除地板垫	操作不到位，操作有错误扣 1 分
		（6）拆除翼子板布	操作不到位，操作有错误扣 1 分
		（7）拆除前格栅布	操作不到位，操作有错误扣 1 分
		（8）清洁车身	动作不规范，操作不正确，扣 1 分
		（9）清洁刮水器	动作不规范，操作不正确，扣 1 分

参 考 文 献

韩东 . 2007. 汽车维护保养实训 . 北京：高等教育出版社 .

吉武俊，高云 . 2011. 汽车维护与保养 . 北京：人民邮电出版社 .

谭本忠 . 2012. 汽车维护与保养图解教程 . 北京：机械工业出版社 .